26
26
26

die Halle
Hall
il padiglione 26

für die / for the / per la
Deutsche Messe AG
Hannover

Herausgegeben von / edited by / a cura di
Thomas Herzog

Vorwort von / foreword by / premessa di
Sepp D. Heckmann

Prestel München · New York

Besuch auf der Baustelle / Visiting the site / Visita al cantiere

Bauherr / Client / Committente
Deutsche Messe AG, Hannover
Standort / Location / Località: Messegelände Hannover
Verantwortliches Mitglied des Vorstands / Representative of the managing board / Amministratore responsabile:
Sepp D. Heckmann
Leitung des Zentralbereichs Technik / Director of central technical office / Direzione dell'Ufficio Tecnico Centrale: Dr. Rainar Herbertz

Entwurf und Planung / Design and planning / Concetto e progettazione
Herzog + Partner, Architekten BDA, München
Prof. Thomas Herzog, Hanns Jörg Schrade
(Konzeptphase / conceptual phase / solo fase di concetto):
mit / in collaboration with / con Prof. Michael Volz
Projektleitung / Project architect / Capoprogetto: Roland Schneider

Mitarbeiter / Assistants / Collaboratori:
Sabine Erdt, Nico Kienzl, Stefan Öhler, Christian Schätzke, Bärbel Schuster, Thomas Straub, Brigitte Tacke, Stefanie Zierl
(Konzeptphase / conceptual phase / solo fase di concetto):
Markus Behr, Hannelore Huber, Anton Pittlinger, Jan Rützel, Rainer Schmid

Durchführung und Abwicklung / Realization / Realizzazione
BKSP Projektpartner GmbH, Hannover
Geschäftsführer / Manager / Direttore amministrativo: Ingo Brosch
Projektleitung / Project supervisor / Direttore dei lavori:
Thomas Haase

Mitarbeiter / Assistants / Collaboratori:
Hans-Joachim Kaub, Joachim Eulig, Bärbel Degner, Martina Elsner, Ulrike Sickau, Klaus Wenzel

Tragwerksingenieure / Structural engineers / Progetto strutturale
Schlaich Bergermann und Partner, Stuttgart
Prof. Dr. Drs. h. c. Jörg Schlaich
Projektpartner / Project partner / Associato: Andreas Keil
Projektleitung / Project engineer / Capoprogetto: Frank Simon

Mitarbeiter / Assistants / Collaboratori:
Frauke Bettermann, Jochen Bettermann, Hansmartin Fritz, Ulrich Otto, Peter Scheffold, Volkwin Schlosser

Massivbau / Solid fire-resisting structure / Strutture in c. a.:
Renk Horstmann Renk, Laatzen
Projektleitung / Project engineer / Capoprogetto:
Franz-Josef Ameling
Mitarbeiter / Assistants / Collaboratori:
Gerd Schneider, Uwe Harnischmacher

Gebäudetechnik / Mechanical services / Impianti
HL Technik, München
Prof. Klaus Daniels

Mitarbeiter / Assistants / Collaboratori:
Bernd Kretschmar, Horst-Dieter Recknagel, Norbert Rosner, Heinz Wese, Hagen Goletz

sowie / in collaboration with / e
(Konzeptphase / conceptual phase / solo fase di concetto):
GfA Gesellschaft für Aerophysik mbH, München, Bernhard Bauhofer
ETH Eidgenössische Technische Hochschule Zürich CH
Institut für Hochbautechnik, Lehrstuhl für Haustechnik, Ludwig Ilg
Krantz-TKT: Dr. Franz Sodec, Dieter Makulla
Elektroplanung / Electrical engineering / Impianti elettrici:
ROM, Hamburg, Höhne GmbH, Hannover

Aerodynamik, natürliche Belüftung – Energiesimulation / Aerodynamic studies, natural ventilation – Energy simulation / Aerodinamica, ventilazione naturale – Simulazione energetica
Design Flow Solutions, Arrington GB
Dr. Richard A. Waters, Prof. Phil Jones

Tages- und Kunstlichtplanung / Daylighting and artificial lighting / Illuminazione naturale e illuminotecnica
Bartenbach LichtLabor GmbH, München
Prof. Christian Bartenbach

Mitarbeiter / Assistants / Collaboratori:
Robert Müller, Markus Platzer, Norbert Reithmaier

Brandschutztechnisches Gutachten / Fire protection consultants / Consulenza anticendio
Hosser, Hass + Partner, Braunschweig: Dr. Jörn Klaus

Projektsteuerung / Project management / Direzione del progetto
Assmann Beraten + Planen GmbH, Braunschweig
Dr. Wolfgang Henning, Horst Bleßmann

Vorwort

Messen sind Kommunikation. Die Deutsche Messe AG stellt hierfür den Rahmen zur Verfügung, um Ausstellern und Besuchern den Dialog zu ermöglichen. Bei der Zeitknappheit und dem damit verbundenen Streß auf einer Messe sollte das Gespräch zwischen Anbietern und Kunden in einem sympathischen Umfeld stattfinden – eine Maxime, die sich die Deutsche Messe AG seit Jahren zum Ziel gesetzt hat und die sie konsequent ausbaut.

Auffallend für Aussteller und Besucher ist die besondere Qualität einzelner Bauten und der hohe Grünanteil mit parkartigem Charakter auf dem Messegelände. Dieses positive Erscheinungsbild ist kein Zufallsprodukt, sondern das Ergebnis langjähriger strategischer Planung.

Im Jahre 1990 wurde zusammen mit Architekten und Stadtplanern der zweite längerfristige »Geländeentwicklungsplan« erarbeitet, der die funktionale und städtebauliche Grundlage für Investitionen im Rahmen des Planungshorizonts bis zum Jahr 2005 sein sollte.

Außerdem entschied 1990 das BIE (Bureau International des Expositions) in Paris, die Weltausstellung erstmals seit ihrer Begründung vor 150 Jahren im Jahre 2000 nach Deutschland zu vergeben. Als Veranstaltungsort wurde Hannover bestätigt. Ein städtebaulicher Wettbewerb für das zukünftige EXPO-Gelände wurde 1991 ausgelobt. Der preisgekrönte Entwurf von Arnaboldi/Cavadini, Locarno, sah vor, wesentliche Teile des Messegeländes in die Weltausstellung zu integrieren.

Auf Basis dieser Arbeit wurde 1993 von Albert Speer & Partner, Frankfurt/Main, der »Masterplan EXPO 2000« entwickelt, der wesentliche Kriterien des »Geländeentwicklungsplans 2005« der Deutschen Messe AG beinhaltet.

Neben der Befassung mit städtebaulichen Aufgabenstellungen arbeitet die Deutsche Messe AG zeitgleich mit Fachleuten in zukunftsorientierten Workshops und Arbeitskreisen an den Themen »Industriebau und Ökologie« und »Design und Kunst«, um Vorgaben für zukünftige Bauten bzw. Infrastrukturvorhaben auf dem weltgrößten Messegelände zu entwickeln.

Als Ergebnis zur Verbesserung der Gesamtsituation entstanden Kriterien wie z. B.:

- Entwicklung markanter Hallenarchitektur
- Schaffung einprägsamer Eingangssituationen
- Verbesserung der Besucherorientierung
- Schaffung von interessanten, erlebnisreichen Raumfolgen
- Erzeugung urbanen Flairs.

Bezogen auf den Bau von Messehallen bedeutet dies:

- Bau von Großstrukturen als Klimahüllen
- Öffnung, Strukturierung und Gestaltung der Hallenfassaden

Foreword

Trade fairs mean communication. The Deutsche Messe AG provides the environment for a dialogue between exhibitors and visitors. In view of the limited time available and the resulting stress of fairs, discussions between producers and clients should take place in congenial surroundings. This is a target the Deutsche Messe AG has set itself for many years now and has consistently pursued.

A striking feature for exhibitors and visitors alike is the special quality of the individual buildings and the extent of the park-like, landscaped grounds. This positive image is no coincidence. It is the product of strategic planning conducted over a long period.

In 1990, the second longer-term "site development plan" was drawn up in collaboration with architects and urban planners. It is meant to provide the functional and urban planning parameters for investment until the year 2005.

In addition, for the first time since its foundation 150 years ago, the Bureau International des Expositions (BIE) in Paris decided in 1990 to award the World Exposition in the year 2000 to Germany. Hanover was confirmed as the venue for this event. An urban planning competition was held in 1991 for the development of the future EXPO site. The prizewinning scheme by Arnaboldi/Cavadini in Locarno proposed the incorporation of much of the existing trade fairs area into the site of the World Exposition.

On the basis of these proposals, the office of Albert Speer & Partner, Frankfurt-on-Main, drew up the Masterplan EXPO 2000, which incorporates the main criteria laid down in the Deutsche Messe AG's Site Development Plan 2005.

In addition to its concern for the urban design aspects, the Deutsche Messe AG also collaborated with experts in future-oriented workshops and in study groups to examine themes such as "industrial building and ecology" and "design and art", to develop a framework for future buildings and infrastructure measures on the world's largest trade fairs site.

This work led to the formulation of a number of criteria for the improvement of the overall situation, including

- the development of a striking architectural design for the halls to facilitate better orientation on site;
- the creation of bold entrance situations;
- improvement of orientation on the site for visitors;
- the realization of realms of experience – spaces with new events and perceptions;
- the creation of a sense of urban flair.

In relation to the exhibition halls, this implies:

- the construction of large-scale enclosing structures with a controlled indoor climate;
- the opening up, structuring and articulation of the hall façades;

Premessa

Fiera significa comunicazione. La Deutsche Messe AG dispone a questo scopo una cornice in grado di consentire lo scambio di informazioni tra espositori e visitatori. Il dialogo pur in situazioni di fretta e di stress deve potersi svolgere in un ambiente piacevole – una massima questa, che la Deutsche Messe AG persegue da sempre.

Espositori e pubblico rimangono piacevolmente impressionati dall'alta qualità di singoli edifici e dalle grandi superfici adibite a parco comprese nel perimetro della fiera. Questo risultato non casuale è frutto di una accurata pianificazione portata avanti negli anni.

Nel 1990 è stato preparato, con la collaborazione di architetti e urbanisti il secondo "Geländeentwicklungsplan" (piano di sviluppo a lungo termine dell'area fieristica). Esso rappresenta la base della pianificazione territoriale e funzionale necessaria all'orientamento degli investimenti fino all'anno 2005.

Nel 1990 inoltre il BIE (Bureau International des Expositions) di Parigi, per la prima volta dalla sua fondazione (avvenuta 150 anni fa), ha assegnato l'esposizione mondiale del 2000 alla Germania. Come luogo dell'avvenimento è stata scelta Hannover. A questo scopo nel 1991 è stato bandito un concorso urbanistico. Il progetto degli architetti Arnaboldi/Cavadini di Locarno, risultato vincitore, prevedeva l'integrazione di gran parte della fiera all'interno dell'esposizione mondiale.

In seguito sulla base di quel progetto lo studio Albert Speer & Partner di Francoforte sul Meno ha sviluppato il "Masterplan EXPO 2000", ispirato ai principi sostanziali del "Geländeentwicklungsplan 2005".

Accanto all'attenzione riposta sulle questioni di pianificazione urbana, la Deutsche Messe AG si interessa allo sviluppo del "Know how" per la realizzazione dei futuri edifici e delle infrastrutture da collocare sull'area fieristica. Questa ricerca si svolge nell'ambito di seminari e gruppi di lavoro con la collaborazione di esperti, in modo particolare sul tema dell'integrazione tra edifici industriali ed ecologia e su quello del "design e l'arte".

Per il miglioramento generale della situazione attuale sono stati messi a punto i seguenti criteri:

- Creazione di edifici espositivi dallo stile più marcato per migliorare l'orientamento del pubblico
- Zone di ingresso facilmente riconoscibili
- Accorgimenti che migliorino il senso dell'orientamento del visitatore
- Creazione di nuove dimensioni e ambienti
- Atmosfera urbana.

In riferimento alla costruzione di nuovi padiglioni questi criteri si sono tradotti così:

- Grandi strutture intese come involucri climatici

- Schaffung von Glaspassagen und Hallenverbindungen
- Erhöhung des Tageslichtanteils
- Gestaltung markanter Halleneingänge
- Ausbildung von Verweilzonen
- Verbesserung der Wegeführung
- Nutzung der Möglichkeiten natürlicher Lüftung
- Ressourcenschonende Verwendung von Materialien
- Einsatz von nachwachsenden Rohstoffen.

Der Auftrag an das Büro Prof. Herzog + Partner, München, lautete, auf Basis dieser Kriterien den »Masterplan EXPO 2000« in Form einer Machbarkeitsstudie zu überprüfen, ein Gesamtkonzept zu entwickeln und die gemeinsam gefundenen Lösungen exemplarisch am Bau der Halle 26 zu realisieren.

Dieses ist aus Sicht der Deutschen Messe AG außerordentlich gut gelungen.

Im Westen des Messegeländes entstand in nur neun Monaten ein eindrucksvolles Bauwerk mit zukunftsweisender Architektur, das den gesamten Bereich aufwertet und ihm ein prägnantes Gesicht gibt. Es ist ein innovativer Bau geschaffen worden, der nicht nur eine besondere Messehalle darstellt, sondern auch im Vorgriff auf die Weltausstellung im Jahre 2000 dem EXPO-Thema »Mensch-Natur-Technik« Realität verleiht und deshalb als der erste EXPO-Beitrag gewertet werden kann.

Gleichzeitig ist die Halle ein Beweis dafür, wie in enger und konstruktiver Zusammenarbeit zwischen Bauherrn und Architekten ein funktional und gestalterisch optimales Bauwerk exzellenter Qualität entstehen kann.

Besonderer Dank geht an dieser Stelle an den Aufsichtsrat und Bauausschuß der Deutschen Messe AG, da mit der Halle 26 innovatives Bauen, d.h. in vielen Bereichen auch technisches Neuland beschritten wurde. Beide Gremien haben diese überaus schwierige Phase während der Planungs- und Bauzeit sehr konstruktiv und vertrauensvoll begleitet.

Die Resonanz bei Ausstellern und Besuchern nach erfolgter Nutzung der Halle bei den ersten Messen im Frühjahr 1996 bestätigt die technische Annahme durch ein außergewöhnlich positives Echo.

Wie schon in der Vergangenheit auf dem Messegelände das Tagungscentrum und die Hallen 2 und 4, wird auch dieser Hallenneubau aufgrund seiner zahlreichen Innovationen Architekturgeschichte schreiben.

Sepp D. Heckmann
Vorstand der Deutschen Messe AG

- the creation of glazed arcades and links between halls;
- increased use of daylighting;
- the design of striking entrance situations to the halls;
- the provision of zones for recreation and relaxation;
- improvements to circulation and routing;
- exploitation of scope for natural ventilation;
- the use of raw materials in a way that would conserve resources;
- the use of regenerable raw materials.

The office of Prof. Herzog + Partner, Munich, was commissioned to prepare a feasibility study of the Masterplan EXPO 2000 on this basis and to develop an overall concept for the site. The joint solutions were to be implemented in the design of the new Hall 26, which was to serve as a model for future hall construction.

From the point of view of the Deutsche Messe AG, these objectives have been achieved with remarkable success.

Within the space of only nine months, an impressive structure has been realized on the western side of the fairs site in an architectural form that points the way to the future. The new hall has resulted in an upgrading of the entire area and lent it a striking new appearance. An innovative building has been created that is not merely an exhibition hall; the theme of the World Exposition 2000, "man, nature, technology", has assumed concrete form. The scheme can be regarded as the first contribution to the EXPO development.

At the same time, the hall is evidence of the way in which clients and architects can work in a close and constructive collaboration to create a building of outstanding quality and of optimum function and design.

Special thanks are due to the board of directors and the building committee of the Deutsche Messe AG. Hall 26 represents a most innovative piece of construction work in which new technologies were explored in many areas. During the difficult phases of the planning and construction, both bodies demonstrated their trust and approached the problems in a most constructive manner.

After the successful use of the hall for the first trade fairs in the spring of 1996, the extremely positive response from exhibitors and visitors confirms these impressions of its excellence.

Like the Congress Centre and Halls 2 and 4 on the trade fairs site in the past, the present hall, with its many innovations, will create architectural history.

Sepp D. Heckmann
Member of the managing board of the Deutsche Messe AG

- Facciate aperte, strutturate e caratterizzate formalmente
- Passaggi vetrati e strutture di collegamento
- Ottimizzazione dell'impiego della luce diurna
- Ingressi ai padiglioni dall'aspetto invitante
- Aree di sosta e di ricreazione
- Miglioramento della segnaletica orientativa
- Utilizzo della possibilità di una ventilazione naturale
- Impiego di materie prime scelte nel più grande rispetto delle riserve disponibili
- Uso di materie prime rigenerabili

L'incarico affidato allo studio Prof.Herzog + Partner di Monaco richiedeva sulla base di questi criteri uno studio di fattibilità del "Masterplan EXPO 2000" e lo sviluppo di un concetto generale. Inoltre poneva come obbiettivo la realizzazione esemplare del padiglione 26.

Secondo il giudizio della Deutsche Messe AG l'obiettivo è stato raggiunto in modo eccellente.

Nella zona occidentale della fiera, in soli 9 mesi, è sorta una costruzione di grande impatto visivo, le cui forme volgono al futuro. Questo nuovo volume valorizza l'intera area e le conferisce un aspetto ricco di significati.

È nato un edificio innovativo, che non rappresenta soltanto un padiglione speciale, ma che in anticipo sull'EXPO 2000 conferisce già oggi realtà al tema principale di quell'appuntamento: "Uomo, natura, tecnologia". Per questo motivo lo si può considerare il primo contributo all'Esposizione Mondiale.

Contemporaneamente la "Halle 26" è la dimostrazione di come dalla stretta e costruttiva collaborazione tra committente e architetto possa nascere un edificio funzionale ed armonioso di ottima qualità.

Un particolare ringraziamento va rivolto al Consiglio di Sorveglianza e alla Commissione Edile della Deutsche Messe AG, con la collaborazione dei quali è stato possibile avviarsi sulla strada di un'edilizia innovativa, congiunta all'esplorazione di nuove realtà tecnologiche. Entrambi gli organi hanno accompagnato con impegno costruttivo e fiducia tutte le fasi del progetto e della realizzazione.

Le critiche positive espresse dagli espositori e dai visitatori in seguito al primo completo utilizzo della "Halle 26", avvenuto durante la primavera del 1996, certificano l'accettazione dei nuovi traguardi tecnologici prefissi.

Così come è avvenuto nel passato con il palacongressi e con i padiglioni 2 e 4, anche questa nuova costruzione per merito dei suoi numerosi concetti innovativi è destinata a scrivere una pagina della storia dell'architettura.

Sepp D. Heckmann
Consiglio di amministrazione
della Deutsche Messe AG.

KRUPP

Das Messegelände / The trade fair site / L'area fieristica

Die »Export-Messe 1947 Hannover« war eines der herausragendsten Ereignisse des wirtschaftlich darniederliegenden Nachkriegs-Deutschland. Sie begann am 18. August und dauerte immerhin 21 Tage. Die Besucherbilanz fiel mit 730.000 Personen überragend aus. Ordern konnte man allerdings nur für ausländische Rechnung. Die Bilanz: 1.934 Exportverträge über insgesamt 31,6 Millionen US-Dollar.

Die »Hannover-Messe«, wie sie fortan genannt wurde, prägte und symbolisierte in den folgenden Jahrzehnten den wirtschaftlichen Wiederaufstieg, das »Wirtschaftswunder« der Bundesrepublik Deutschland. Sie wurde auch »Export-Barometer« genannt.

Der Messestandort in Hannover-Laatzen wurde gewählt, weil hier noch einige Hallen eines ehemaligen Rüstungsbetriebes standen. Und es war nicht zuletzt der Initiative der damaligen britischen Militärregierung zu verdanken, daß die deutschen Unternehmen diese Gelegenheit für eine exportorientierte Leistungsschau erhielten.

Heute ist das hannoversche Messegelände mit seinen 26 Hallen sowie 50.000 Parkplätzen und rund 2 Millionen Quadratmetern Gesamtfläche das größte der Welt.

The Export Fair 1947 in Hanover, was one of the outstanding events of the post-war years in an economically ruined Germany. The fair began on 18 August and lasted no less than 21 days. The 736,000 visitors it attracted represented a remarkable achievement, although it was possible to accept only orders paid in foreign currency. At the end of the day, however, some 1,934 export contracts had been signed with a value of over US$ 31.6 million.

The Hanover Fair, as it was thereafter known, helped to shape and was also a symbol of the economic recovery – the "economic miracle" – that the Federal Republic of Germany experienced in the following decades. It was regarded as the "export barometer" of the country.

The site in Laatzen, Hanover, was chosen as the location of the trade fair because a number of halls of a former arms factory still stood there. Thanks not least to the initiative of the British military government at that time, German industry acquired an opportunity to mount an export-oriented display of its achievements.

Today, the trade fairs site in Hanover, with 26 halls, 50,000 parking spaces and an overall area of roughly 2 million square metres, is the biggest in the world.

La "Export Messe 1947 Hannover" rappresenta uno degli episodi di spicco nella storia della Germania del dopoguerra. La Fiera ebbe inizio il 18 Agosto e rimase aperta per 21 giorni. Altissimo il numero dei visitatori, anche se la possibilità di fare ordinazioni fu concessa solo agli operatori stranieri. Il bilancio economico si riassume nella cifra di 1934 contratti di esportazione per un totale di 31,6 milioni di dollari.

La "Hannover Messe", come venne chiamata da quel momento in poi, caratterizzò e fu il simbolo della rinascita economica dei decenni che seguirono, il cosidetto "miracolo economico" della Repubblica Federale Tedesca. La Fiera fu anche chiamata il Barometro dell'esportazione.

La scelta del luogo si orientò sulla zona di Hannover-Laatzen poiché qui già esistevano alcuni padiglioni di una ex-fabbrica di armamenti. Fu principalmente grazie all'iniziativa del governo militare britannico di quel periodo, che alle imprese tedesche fu offerta l'opportunità di esporre prodotti da destinare all'esportazione.

Oggi l'area della Fiera di Hannover con i suoi 56 padiglioni come i 50 mila posti macchina e circa 2 milioni di metri quadri di superficie è la più grande del mondo.

Halle 26 im Gelände der Deutschen Messe AG während der Industriemesse Hannover, April 1996

Hall 26 on the Deutsche Messe AG site during the Hanover Industrial Fair, April 1996

Il padiglione 26 nell'area espositiva della Deutsche Messe AG durante lo svolgersi della Fiera dell'industria, Hannover, Aprile 1996.

Gesamtkonzept

Im Sommer 1994 beauftragte uns die Deutsche Messe AG, Hannover, ein Konzept für ihr Gesamtareal, auf dem der Welt größte Industrie- und Kommunikationsmessen stattfinden, zu entwickeln. Eine Vision davon sollte entstehen, wie künftige Hallenbauten, dazwischenliegende Freiraumbereiche und diese überbrückenden Verbindungsbauwerke würden aussehen können. Es ging gleichermaßen um eine Einheitlichkeit im Konzept wie um die Möglichkeit zur Differenzierung unterschiedlicher Situationen.

Der bauliche Bestand war zu integrieren. Die unmittelbar bevorstehende Realisierung einer weiteren Großhalle, der Halle 26, war als Lösungskonzept aufzuzeigen.

Der Ansatz für das Gestaltungskonzept entspricht sinngemäß einem Wort von Karl Gerstner: Nicht Lösung einer Aufgabe suchen, sondern ein Programm für Lösungen entwickeln.

Es war also eine Struktur mit hoher Variationsmöglichkeit zu erarbeiten, welche die bauliche Integration in vorhandene, vielfach unterschiedliche, lokale Einzelsituationen bei Neu- und Altbauten ermöglicht, und die trotz aller Unterschiede markante, gemeinsame Gestaltprinzipien beinhaltet, die in ihrer materiellen Ausprägung variieren können, die aber dennoch eine durchgängige, morphologische Verwandtschaft haben. Künftige bauliche Maßnahmen sollten soweit wie möglich im Rahmen der vorgegebenen Zwänge und Einschränkungen sowie der bauaufsichtlichen Vorgaben den Einsatz erneuerbarer Energien und nachwachsender Rohstoffe erlauben. Neue architektonische Qualitäten sollten entstehen, die sich am Leitmotiv der EXPO 2000 orientieren: Mensch, Natur, Technik.
Das Ziel künftiger Entwurfsplanung war:

- Einfache, gut ablesbare Grundzonierung von Hallen und Freiraumbereichen.
- Geometrisch klare Ordnungsstruktur zur – im Vergleich zu heute – erheblich besseren Orientierung der Besucher.
- Verbesserung des Zugangs von Norden durch eine großzügige Neugestaltung des Eingangs und der gesamten Fassadenfront mit ausgreifender Überdachung. Im Geländeinnern klar überschaubare Verteilung zu den angrenzenden Hallenbereichen, die getrennt nutzbar sind.
- Ausbildung neuer Hallen als lichte Klimahüllen mit differenzierten Raumfolgen.
- Schaffen von durchgrünten Bereichen als Rekreationszonen für die Messebesucher.
- Partielle Überdachung von Freibereichen, um witterungsgeschützten Messebesuch zu ermöglichen.
- Nutzung von Tageslicht für die Ausstellungsbereiche als dominierender Faktor für die Raumqualität bei blendungsfreier, brillanter Helligkeit.

Overall concept

In the summer of 1994, the Deutsche Messe AG in Hanover commissioned us to draw up a concept for the entire area of their site, where the largest industrial and communications fairs in the world are held. The design was to embody a vision of possible future hall structures, together with all necessary linking tracts and intermediate open spaces. It was to provide a unifying overall concept with scope for differentiation between various situations.

The scheme included the integration of the existing buildings on site as well as the design of a large new hall (Hall 26).

A maxim of the Swiss graphic artist Karl Gerstner suggested the approach to the design: one should not seek a solution to a problem, but develop a programme for solutions.

A structure was to be developed, therefore, that would provide broad scope for variation and that would facilitate the integration of both new and old buildings into an existing context of individual and often quite diverse, local situations. Despite the great diversity involved, the proposals were to exhibit a series of bold, common design principles (corporate identity) that would be capable of variation in their material form, but that would nevertheless be related to each other in a universal, morphological manner. Future construction measures were to facilitate a maximum use of renewable forms of energy and regenerable raw materials, as far as this was compatible with existing constraints and building regulations. New architectual qualities were to be created, oriented to the leitmotifs of the EXPO 2000: man, nature, technology.
In terms of objectives for future design plans, this implied:

- a simple, clearly legible basic zoning of halls and open spaces;
- a geometrically clear ordering structure to achieve a major improvement in the orientation for visitors;
- an improved approach from the north by means of a generous redesign of the entrance situation in particular and the entire front in general with a projecting canopy roof; and in the interior of the site, the creation of a comprehensible circulation system to the adjoining hall areas, which could be used independently of each other;
- the construction of new halls in the form of light enclosures with a controlled indoor climate and with varied sequences of spaces;
- the creation of green, landscaped areas as recreational zones for visitors;
- partial covering of open areas to provide protection against the elements;
- the use of daylight in the exhibition areas as the dominant factor in terms of spatial quality and brilliant, glare-free lighting conditions;

Linee generali

Nell'estate 1994 ricevemmo dalla Deutsche Messe AG, Hannover, l'incarico di formulare un concetto architettonico per l'intera zona sulla quale si svolgono le fiere più grandi a livello mondiale nel campo dell'industria e delle comunicazioni. Avremmo dovuto immaginare come sarebbero potuti apparire i futuri padiglioni, le aree libere interposte e le necessarie strutture di collegamento. Si trattava in egual misura di creare un concetto unitario e contemporaneamente di diversificarne all'interno le situazioni particolari.

Occorreva anche integrare lo stato di fatto. Inoltre vi era la primaria richiesta di sviluppare un'idea per la costruzione di un nuovo grande padiglione: la "Halle 26".

Abbiamo posto alla base del nostro lavoro le parole di Karl Gerstner: "Non ricercare una soluzione individuale, ma sviluppare un programma di soluzioni".

Avremmo voluto trovare una struttura dotata di grande flessibilità, capace di integrare le varie situazioni particolari del costruito nuovo e vecchio ma che nonostante le grandi differenze, contenesse principi formali unitari (identità aziendale). Principi che permettessero di variare i materiali da costruzione conservando tuttavia tra loro una parentela morfologica continua. Ogni nuovo intervento avrebbe dovuto rendere possibile, nel rispetto dei vincoli e dei regolamenti, il maggior utilizzo possibile di energie rinnovabili e materie prime rigenerabili. L'obbiettivo era quello di creare nuove qualità architettoniche in armonia con le parole d'ordine dell'EXPO 2000: Uomo, Natura e Tecnologia.

Le considerazioni appena esposte si tradussero così negli obbiettivi del futuro progetto:

- Disposizione di base dei padiglioni e degli spazi aperti semplice e ben leggibile.
- Struttura geometrica chiara per un consistente migliore orientamento dei visitatori rispetto allo stato attuale.
- Riqualificazione dell'accesso da settentrione con la riprogettazione dell' ingresso e dell'intero fronte e con l'aggiunta di un passaggio coperto. Un principio distributivo (all'interno dell'area) chiaro e di facile comprensione e diretto verso settori della fiera limitrofi e utilizzabili indipendentemente.
- Creazione di nuovi padiglioni concepiti come involucri climatici luminosi, dotati di una successione di spazi differenziati.
- Aquisizione di spazi verdi come luogo di ricreazione dei visitatori.
- Copertura parziale delle strade interne così da garantire anche una visita della fiera al riparo dagli agenti atmosferici.
- Utilizzo (all'interno degli spazi di esposizione) della luce naturale resa chiara, brillante e senza fenomeni di abbagliamento, quale

Gesamtkonzept von Herzog + Partner
mit Michael Volz, August 1994

Overall concept by Herzog + Partner in
collaboration with Michael Volz, August 1994

Concezione generale, Herzog + Partner con
Michael Volz, Agosto 1994

- Einsatz von Holz als nachwachsendem Rohstoff in allen dafür geeigneten Bereichen.
- Überarbeitung der vorhandenen Hallen mit technisch-gestalterischen Maßnahmen zur Verbesserung der Lichtqualität in Innenräumen und zur erheblichen Einsparung von elektrischem Strom für die Raumbeleuchtung.

Die Lösung sieht die Einordnung in ein Gesamtsystem von Querverbindungen im Gelände vor, das auf das ganze Gebiet der Messe übertragen ist und die Gebäudestrukturen im Norden, Osten und der Mitte sowie die Außen- und Innenräume zusammenbindet. Es soll die Möglichkeit der Durchquerung in Ost-Westrichtung geben und diese soll attraktiv gestaltet werden.

- the use of timber as a regrowable raw material in all appropriate situations;
- the refurbishment of existing halls; the implementation of technical and design measures to improve lighting quality in internal spaces and thus achieve a considerable saving of electricity for lighting.

The proposals foresee the integration of existing and future developments into an overall system of connecting routes covering the entire trade fairs site. This would tie in the buildings to the north, east and in the middle and would create links between internal and external spaces. The system should allow the site to be crossed in an east-west direction in an attractive form.

principale fattore nella definizione della qualità degli ambienti.

- Impiego del legno in tutte le situazioni di compatibilità quale materia prima rigenerabile.
- Ristutturazione dei padiglioni già esistenti con accorgimenti tecnico-formali volti a migliorare la qualità della luce interna e a consentire notevole risparmio di energia per l'illuminazione artificiale.

L'ipotesi di progetto prevede un sistema globale di collegamenti trasversali estesi a tutta l'area fieristica e in grado di unire gli edifici settentrionali, orientali e centrali così come gli spazi interni e quelli esterni. Il risultato deve essere quello di una viabilità est-ovest le cui forme siano in grado di attrarre l'attenzione dei visitatori.

Verbindungsbauten

Linking structures

Strutture di collegamento

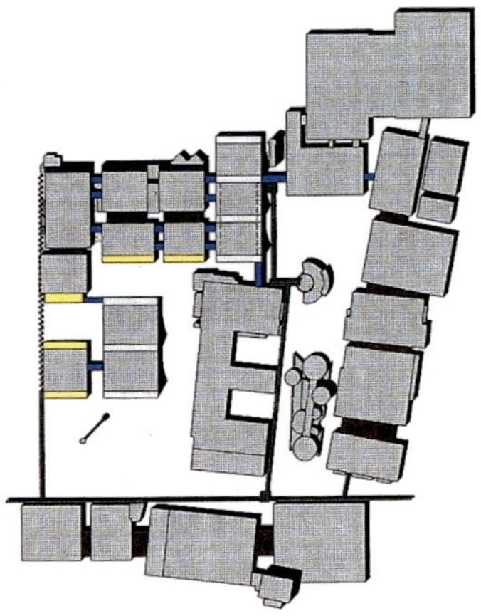

Zuordnung

Elemente

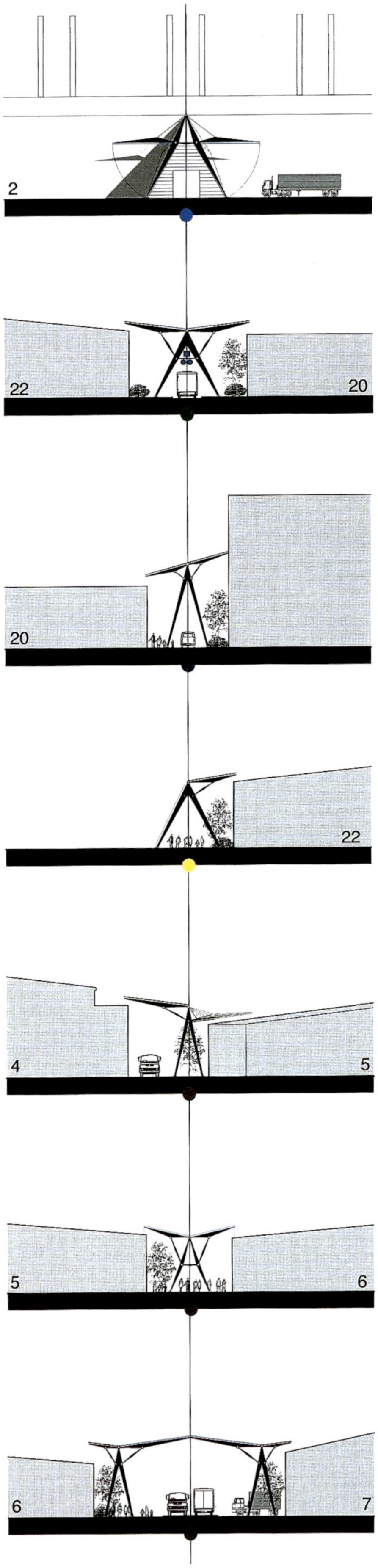

Beispiele für Verbindungen zwischen bestehenden Hallen

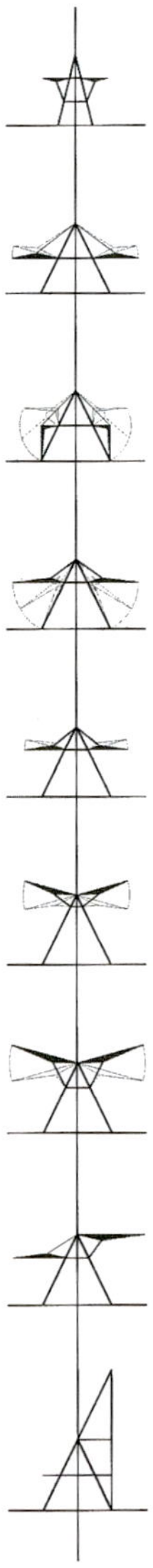

Typen

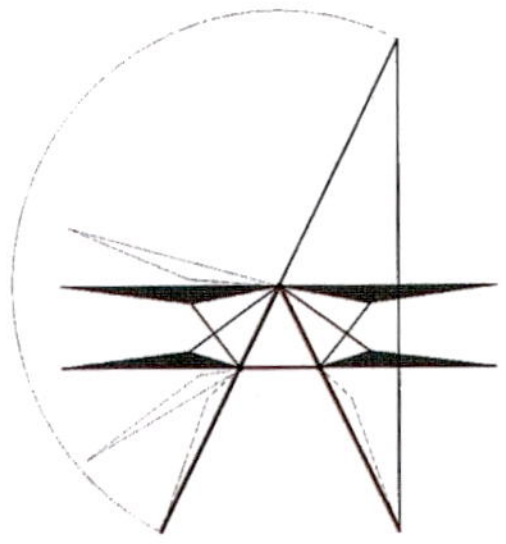

" Geometrische Grammatik "

Mögliche Anordnungen
und Varianten
der Verbindungsbauwerke,
August 1994
Seite 13: Überarbeitung,
Frühjahr 1996

Possible layout of linking
structures with
alternatives, August 1994
Page 13: revised version,
spring 1996

Strutture di collegamento,
soluzioni possibili
e varianti, Agosto 1994
Pagina 13: varianti attuali,
primavera 1996

Modellphoto / Photo of model / Foto del modello

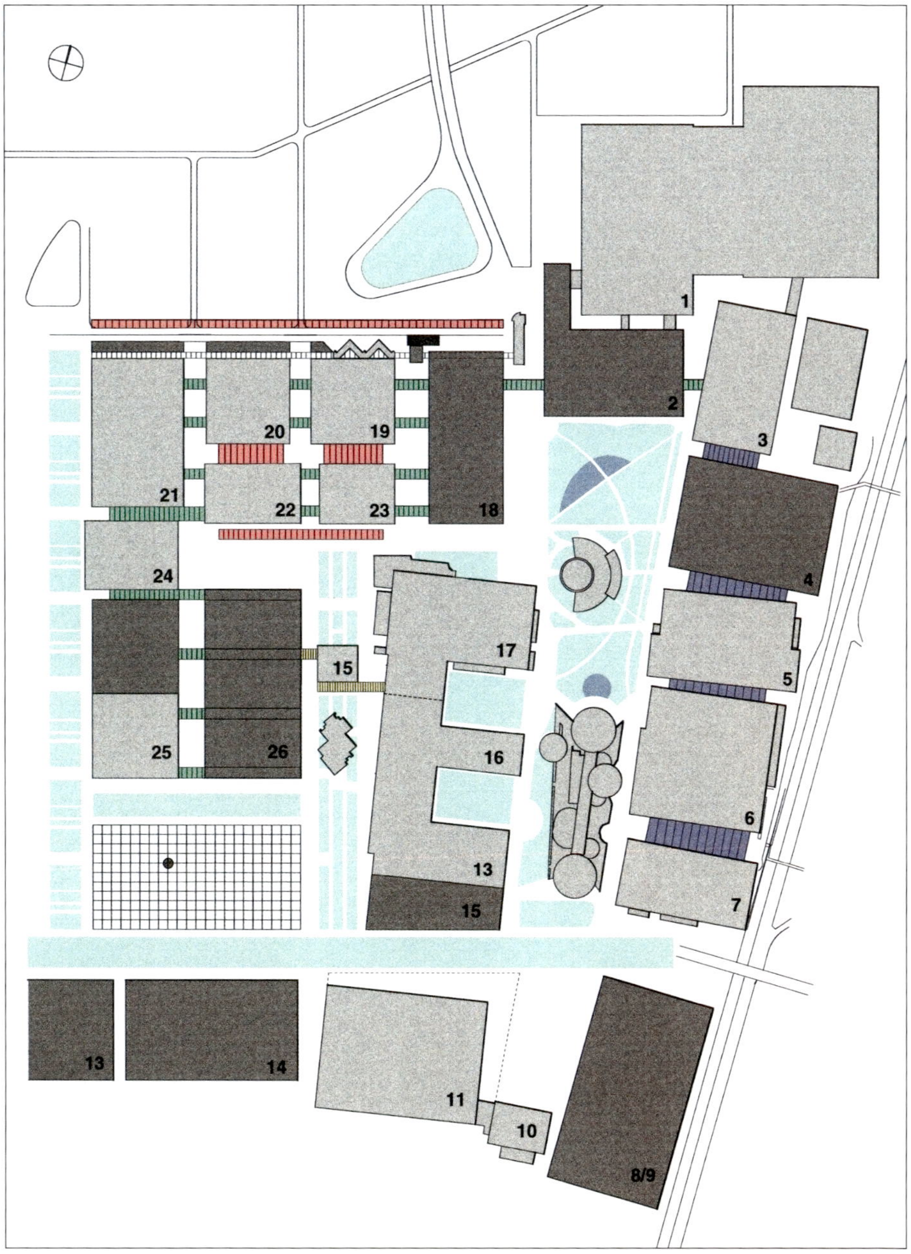

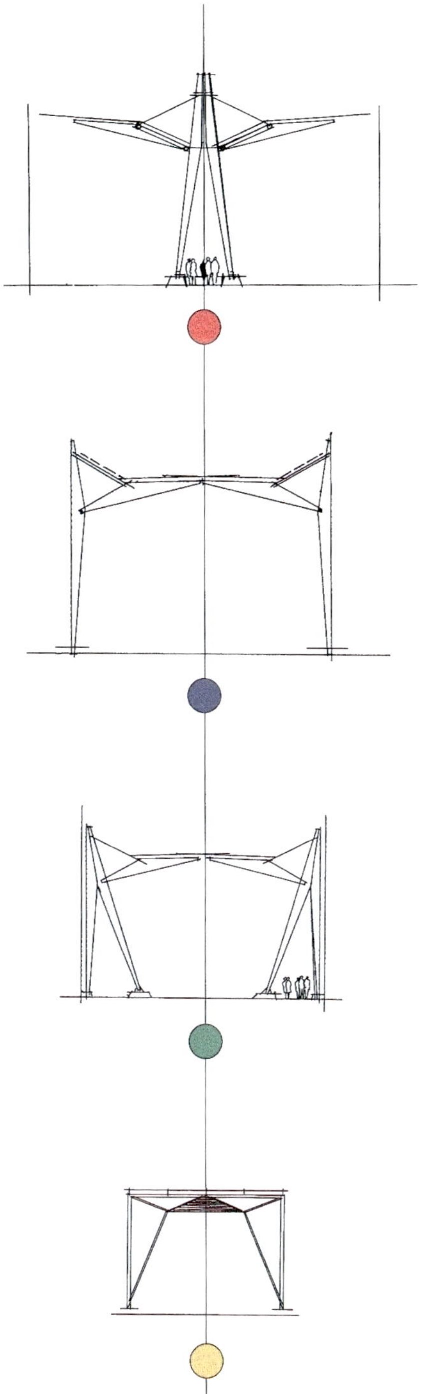

Typologie

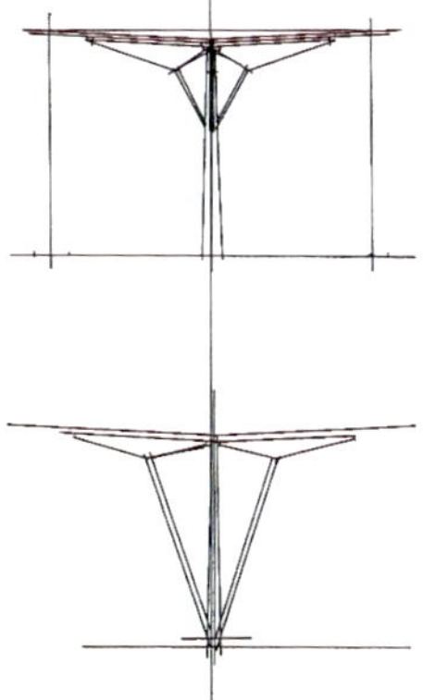

Varianten

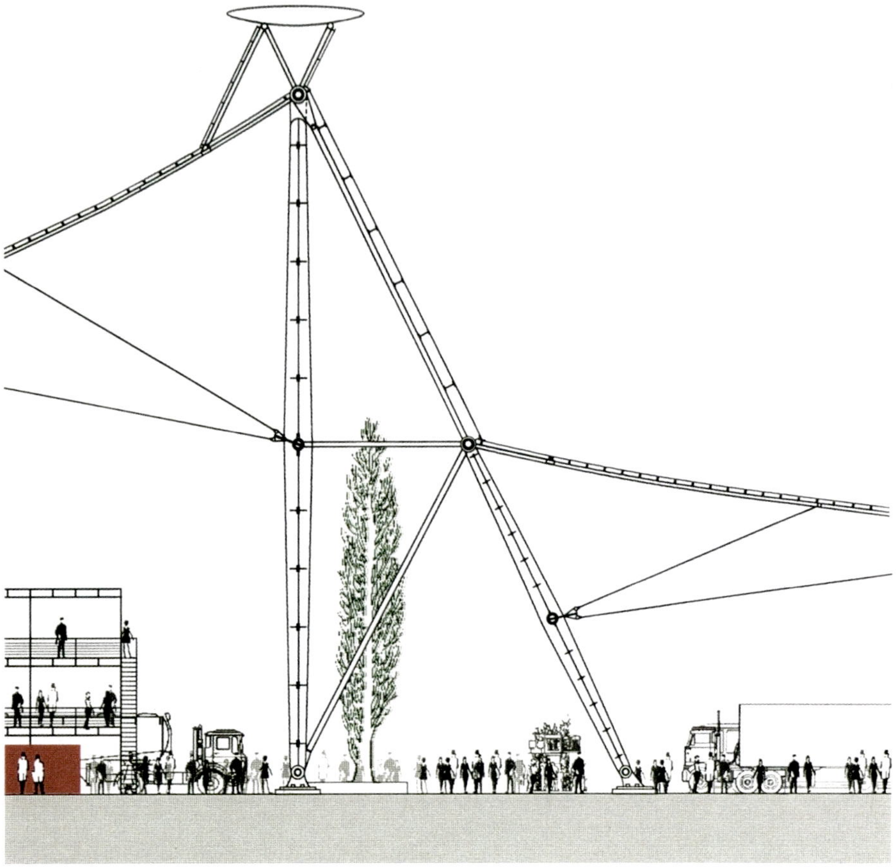

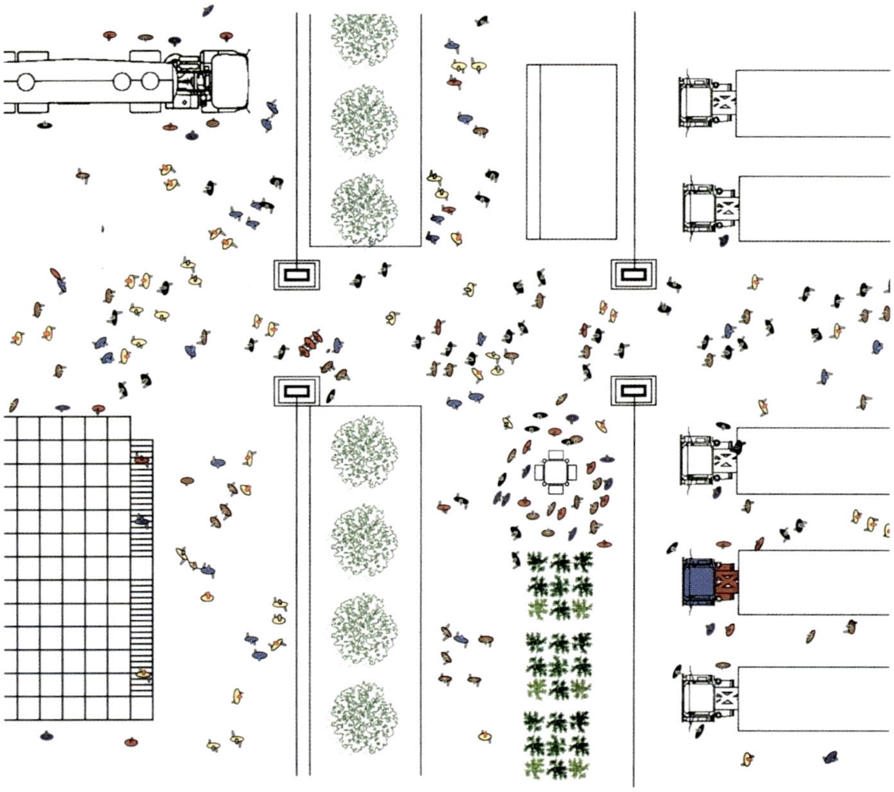

Fassaden Bestand

Südfassade / transluzent
aus der Halle nach Süden gesehen

Blickbezug

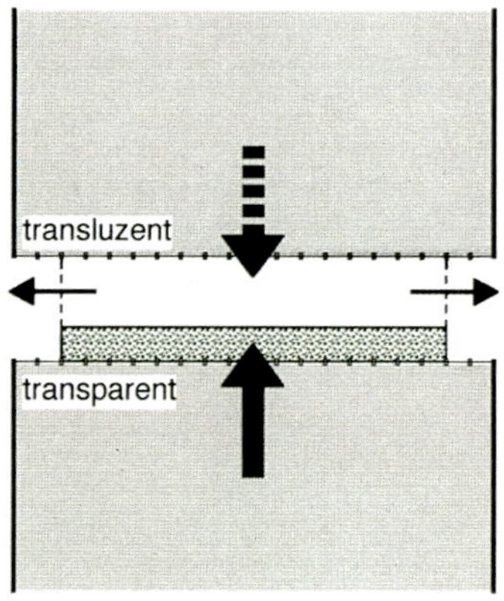

Nordfassade / transparent
aus der Halle nach Norden gesehen

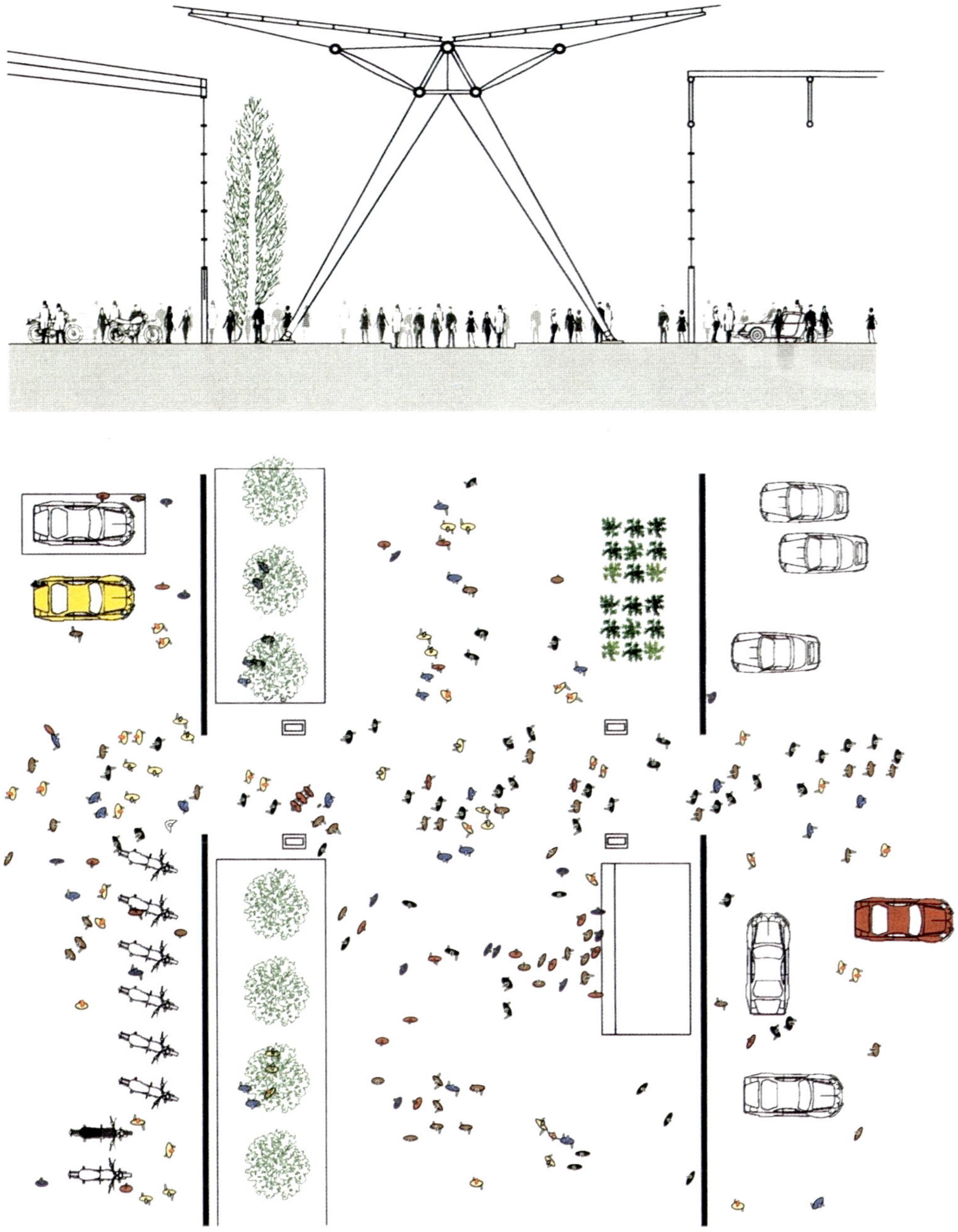

Situation der Verbindungsbauten während einer Messe;
links: in den neuen Hallen
rechts: zwischen und in den alten Hallen

Linking structures during trade fair;
left: inside the new halls
right: between and inside the old halls

Strutture di collegamento durante un'esposizione;
a sinistra: nei nuovi padiglioni
a destra: tra i padiglioni già esistenti e quelli nuovi

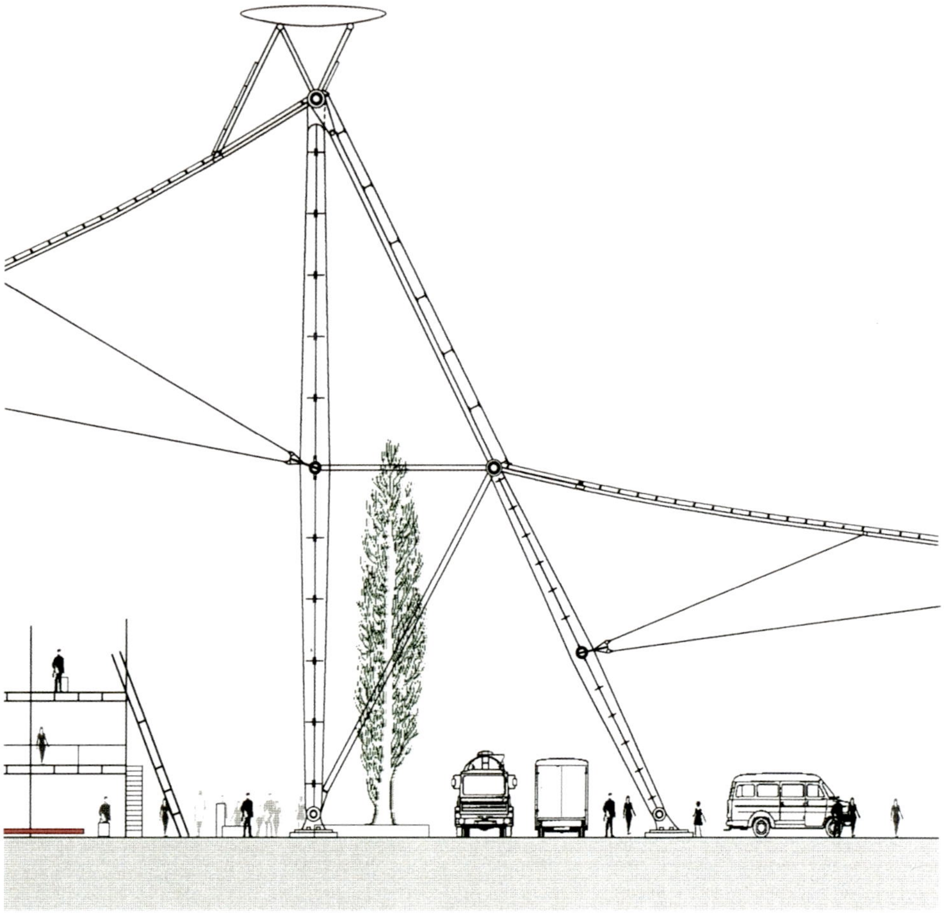

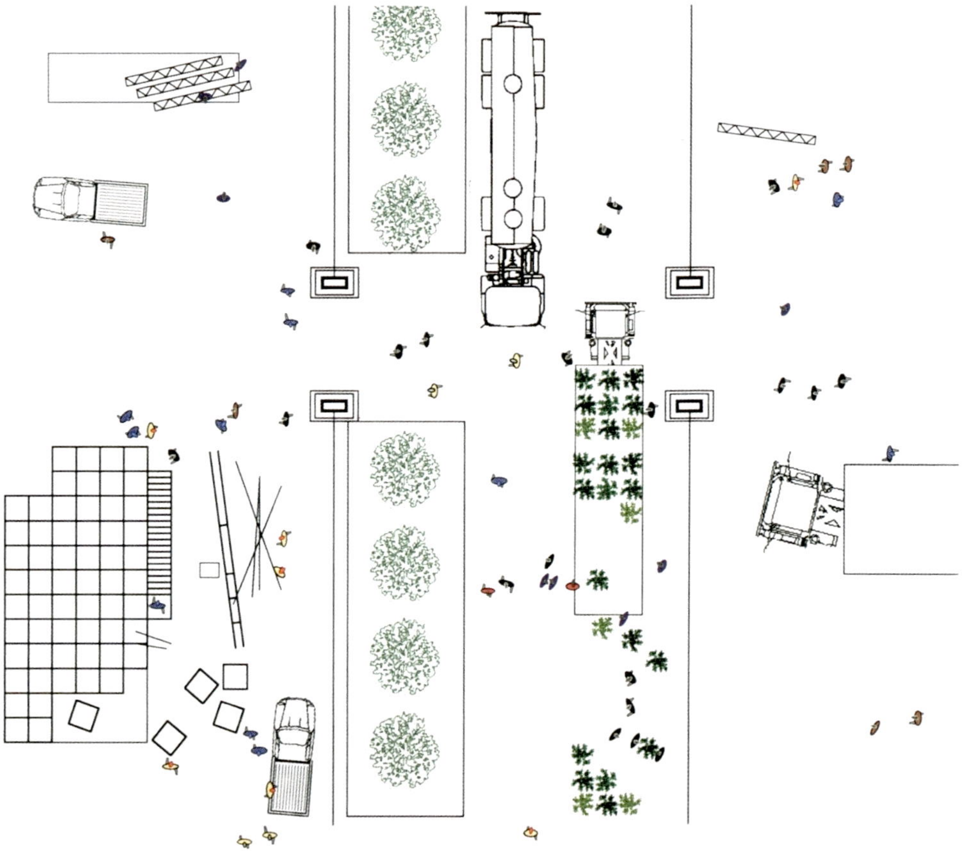

stationäres / mobiles Grün

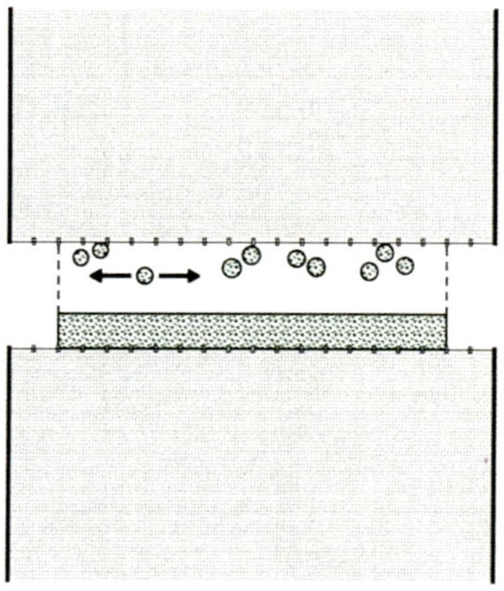

mobile Imbißstände / Kiosk

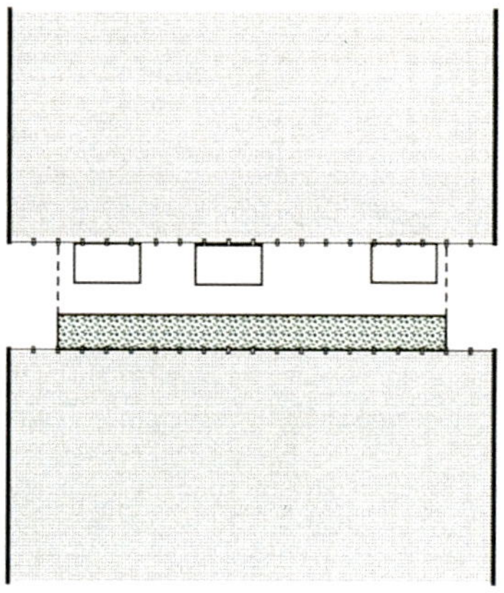

Messeaufbau

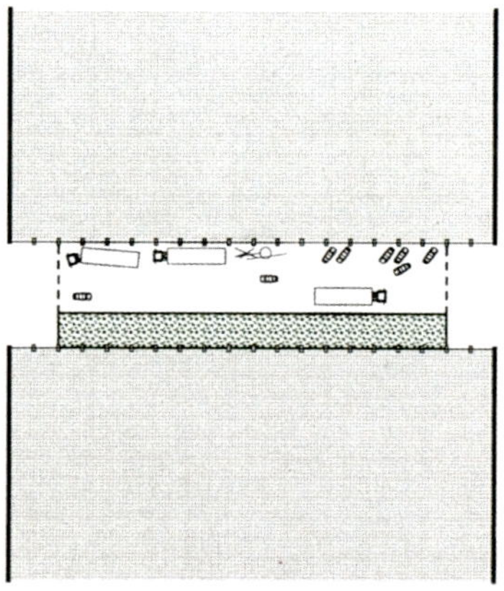

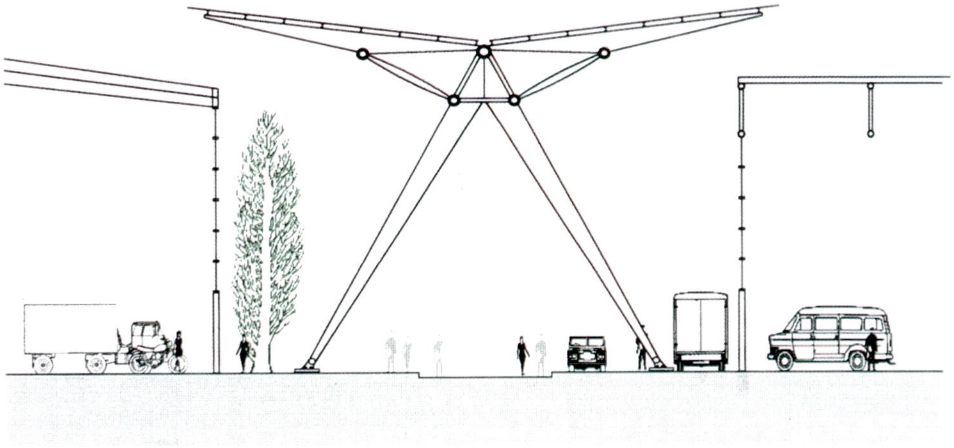

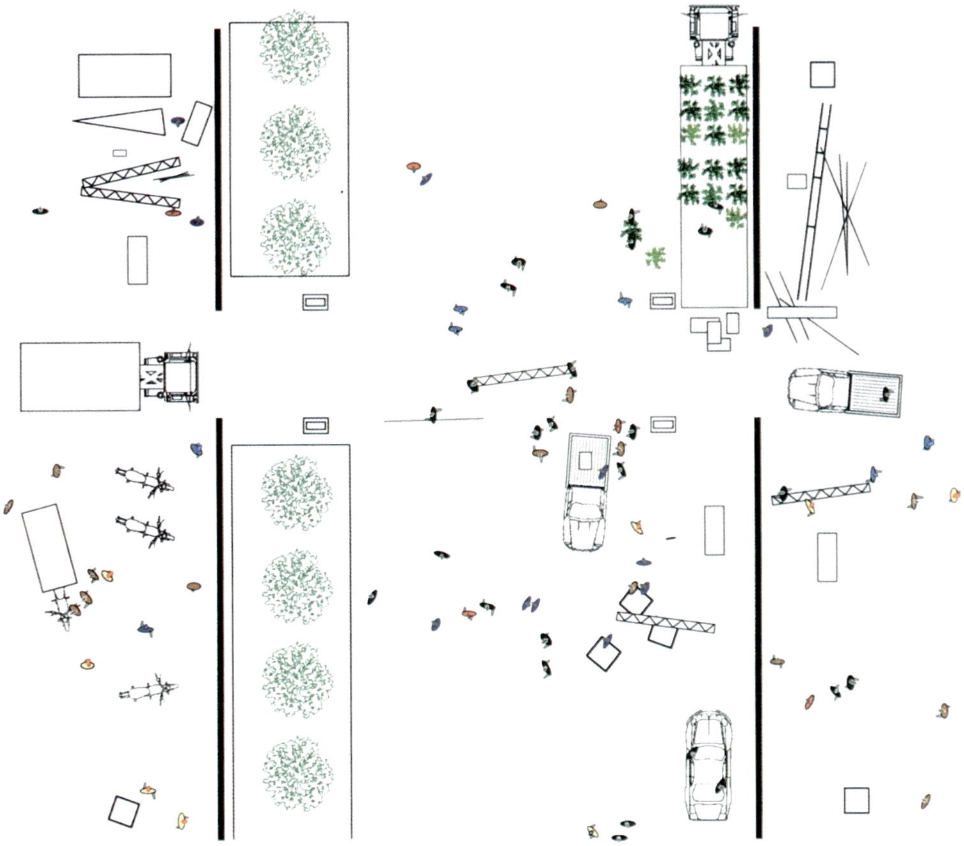

Situation der Verbindungsbauten
beim Auf- und Abbau einer Messe;
links: in den neuen Hallen
rechts: zwischen und in den alten Hallen

Linking structures during preparations for
trade fair and subsequent clearance stage;
left: inside the new halls
right: between and inside the old halls

Strutture di collegamento durante la fase
di allestimento di una esposizione
a sinistra: nei nuovi padiglioni
a destra: tra i padiglioni già esistenti e quelli nuovi

Die Halle 26

Für die Halle 26 bestand die spezielle Aufgabe darin, bei einer Größe von 25.000 bis 30.000 m^2 einen Typus mit einer Querschnittsgeometrie zu entwickeln, der folgende Merkmale integriert:

- Form eines Tragwerks, das für große Spannweiten prädestiniert ist, was zur Wahl eines Hängedaches führte.
- Einerseits Festlegung einer in weiten Bereichen funktional nötigen Raumhöhe, andererseits Ausbildung von Hochpunkten zur natürlichen Entlüftung unter Nutzung des thermischen Auftriebs.
- Ausbildung großer Bereiche zum Einlaß von Tageslicht bei Reduzierung von direkter solarer Einstrahlung.

Der neu entwickelte Hallentypus, bei dem mit hoher Wirkung Umweltenergien eingesetzt werden, enthält zwei unterschiedliche Grundrißzonen:

- Weiträumige, stützenlose, frei disponierbare Ausstellungsbereiche unter einem leichten, zugbeanspruchten Hängedach aus Stahl, auf dem eine Holzdecke aufliegt.
- Schmale Bereiche zwischen den Ausstellungsflächen und an ihrem Rand mit Stahlpylonen zur Aufnahme der Kräfte aus den Hängedächern.

Diese Zonen dienen der Erschließung der Ausstellungsflächen und der Rekreation. Sie sollen durchgrünt werden.

Weitere Einzelfunktionen, wie drei gastronomische Betriebe, Toilettenanlagen und alle Räume für die technische Ver- und Entsorgung sowie die Raumkonditionierung sind seitlich in sechs selbständigen, kubischen Bauwerken untergebracht. Sie haben eine äußere Bekleidung mit kräftigen Holzlamellen, deren Konstruktion die Integration von Zu- und Abluftöffnungen, Türen und Schiebetoren erlaubt.

Hall 26

A special provision of the brief relating to Hall 26 – with an area of 25,000 to 30,000 m^2 – was to develop a type with a cross-sectional geometry that would combine the following features:

- a form of load-bearing structure suited to large spans; this led to the choice of a suspended roof construction;
- the provision of a functionally determined minimum room height over large areas of the hall and at the same time, the creation of high points that would facilitate natural ventilation, exploiting the effect of thermal upcurrents;
- the creation of large areas through which daylight could enter the building, whilst at the same time restricting direct solar insolation.

The layout of the newly developed hall type, in which environmentally sustainable forms of energy are used to great effect, comprises two different zones:

- spacious, freely divisible exhibition areas without intermediate columns beneath a light, tensile, steel suspension roof structure with a timber covering;
- narrow zones between the exhibition areas, flanked by rows of steel masts, which support the loads from the suspension roof.

These zones, which serve as access routes and accommodate leisure facilities, should be planted.

Other special facilities, such as the three catering units, the toilets and the spaces for technical supply and waste disposal services, including air-conditioning, are situated along the sides of the building in six independent, cubic structures. The external cladding to these structures, in the form of bold timber louvres, allows ventilation openings, doors and sliding elements to be integrated in a single design.

Il nuovo padiglione

Per la "Halle 26" la particolarità dell'incarico consisteva nello sviluppo di un "modello" con una superficie compresa tra i 25.000 e i 30.000 mq e con una sezione in grado di soddisfare ed integrare le seguenti esigenze:

- Una struttura in grado di coprire luci molto grandi. Questa esigenza ci portò alla scelta di una copertura sospesa.
- La definizione, da un lato di un'altezza di vano minima funzionale ad un'ampia superficie, dall'altro di differenze di quota necessarie allo sfruttamento della spinta termica ascensionale in funzione di una ventilazione naturale.
- Apertura alla luce naturale di grandi superfici vetrate con il minimo irraggiamento solare diretto.

Il nuovo modello di padiglione, predisposto per un impiego ad alto rendimento delle "energie pulite", contiene due aree con funzioni diverse :

- Superfici espositive molto ampie riparate da una struttura sospesa d'acciaio sulla quale poggia una copertura di legno e perciò libere dall'ingombro di elementi strutturali portanti.
- Ambiti più stretti posti tra le aree di esposizione, ai lati dei quali sono collocati i piloni d'acciaio di sostegno della copertura. Queste zone sono adibite all'accesso alle aree espositive e alla ricreazione e sono dotate di spazi verdi.

Altre funzioni specifiche, quali tre punti di ristorazione, impianti sanitari, locali adibiti all'approvigionamento e allo smaltimento e impianti di ventilazione, sono collocate in 6 parallelepipedi indipendenti disposti ai lati del padiglione. Il rivestimento esterno di questi volumi di servizio consiste in una superficie di lamelle di legno massello a sezione rombica, la cui composizione consente di integrare aperture di ventilazione, porte e portoni scorrevoli.

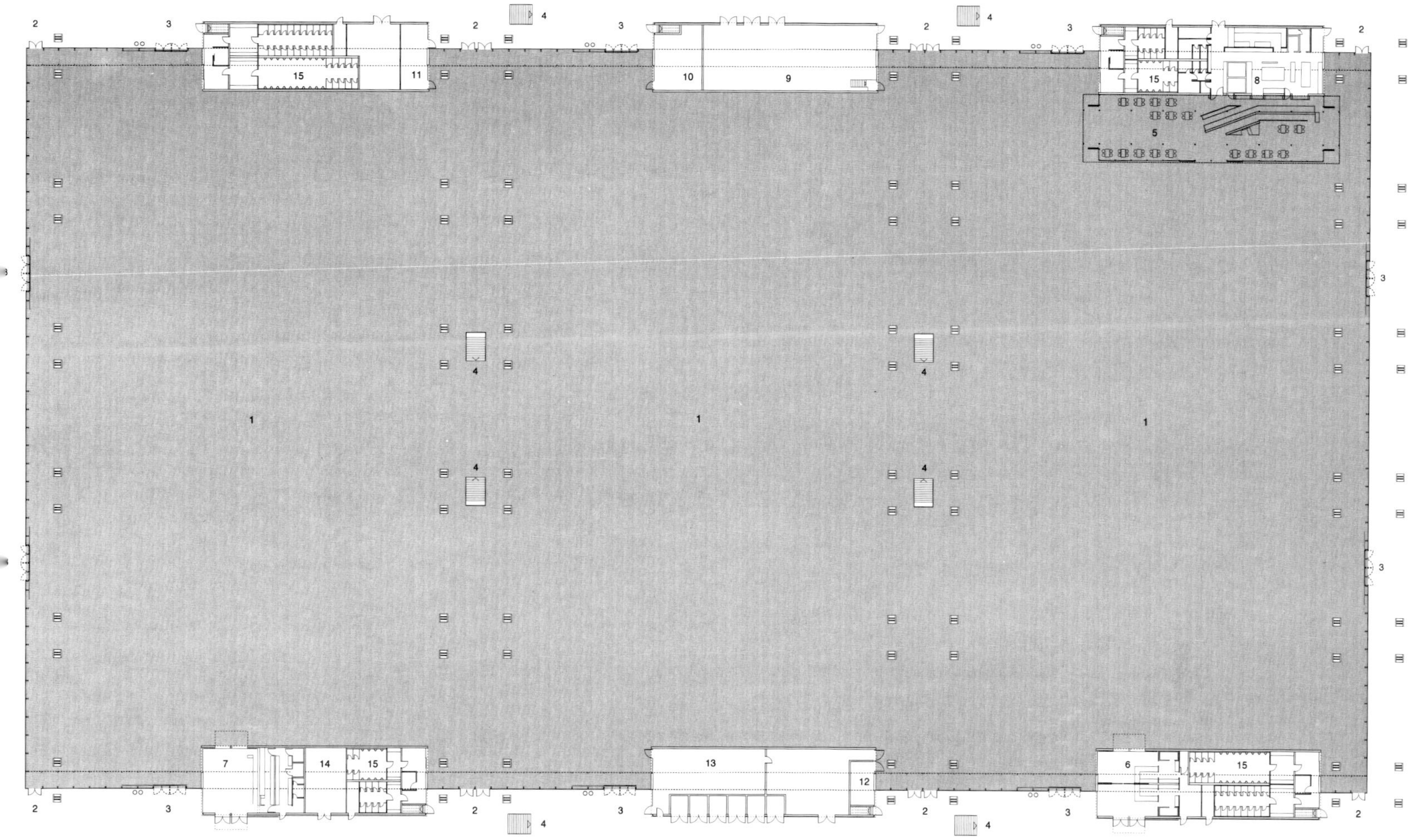

Gesamt-Grundriß M 1 : 1000

Overall plan scale 1 : 1000

Pianta generale Scala 1 : 1000

1 Ausstellungsbereich
2 Eingänge
3 Zufahrten und Notausgänge
4 Fluchttunneleingänge
5 Restaurant
6 Snackbar
7 Bistro
8 Küche
9 Kältetechnik
10 Nachrichtentechnik
11 Hallenmeister
12 Nachrichtentechnik
13 Elektrozentrale
14 Dispositionsräume
15 WC

1 exhibition area
2 entrances
3 vehicular access and emergency exits
4 escape tunnel entrances
5 restaurant
6 snack bar
7 bistro
8 kitchen
9 cooling plant
10 telecommunications
11 hall supervisor
12 telecommunications
13 electrical plant
14 reserve areas
15 WC

1 Area espositiva
2 Ingressi
3 Ingressi carrabili e uscite di sicurezza
4 Ingressi alle gallerie di emergenza
5 Ristorante
6 Snackbar
7 Bistro
8 Cucina
9 Impianti di raffreddamento
10 Impianti di comunicazione
11 Custode
12 Impianti di comunicazione
13 Centrale elettrica
14 Aree di supporto
15 WC

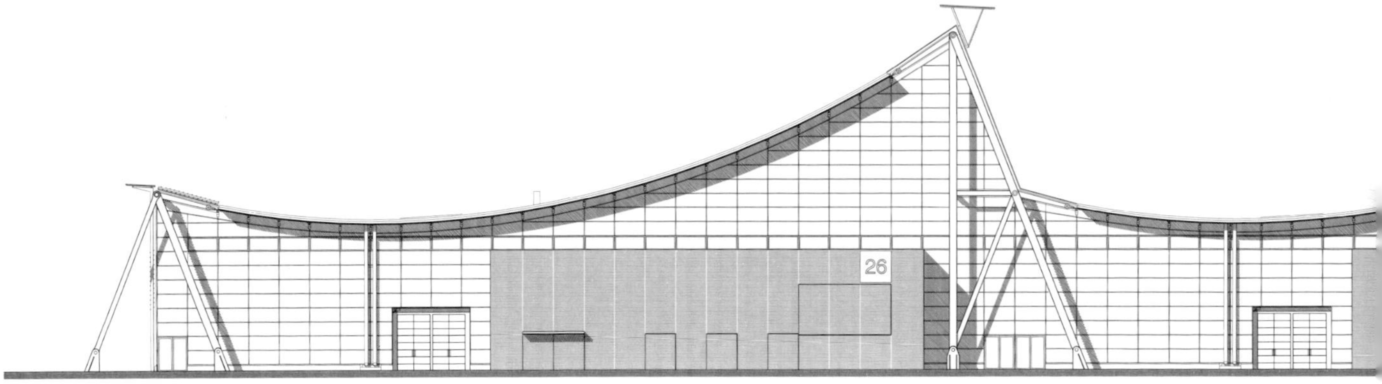

Ansicht Ost M 1 : 600

East elevation scale 1 : 600

Prospetto est scala 1 : 600

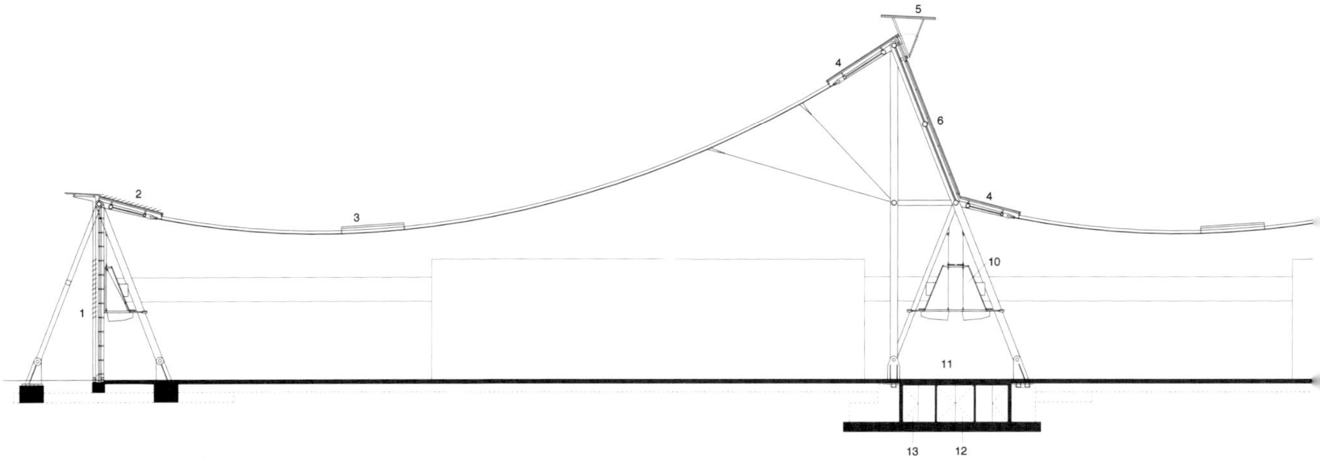

Längsschnitt M 1 : 600

Longitudinal section scale 1 : 600

Sezione longitudinale scala 1 : 600

1 Außenliegender Sonnenschutz (starre Lamellen)
2 Oberlicht mit außenliegendem Sonnenschutz (starre Lamellen)
3 Lichtrasterbestücktes Oberlicht
4 Fachwerkträger mit Oberlicht
5 Firstreiter über Rauch- und Wärmeabzugklappen
6 Große Verglasungen nach Norden
7 Hängedach, Holzpaneele auf Stahlzugbändern. In Teilbereichen der Unterseite reflektierende Hochglanzbleche als Spiegeldecke zur Lichtverteilung
8 Stabilisierungsseile als Abspannung zur Reduzierung dynamischer Kräfte
9 Lichtumlenkelemente
10 Gläserne Luftkanäle
11 Passage
12 Fluchttunnel
13 Installationstunnel

1 external sunscreening (fixed louvres)
2 skylight with external sunscreening (fixed louvres)
3 skylight with daylight grids
4 trussed girders with skylight
5 capping over smoke and heat exhaust flaps
6 large-area north-light glazing
7 suspension roof structure: timber panels on steel tie members; polished metal sheets to part of soffit, forming mirror surface for diffusion of light
8 anchor cables to stabilize roof against dynamic forces
9 light-deflecting elements
10 glass ventilation ducts
11 walkway
12 escape tunnel
13 service tunnel

1 Frangisole esterno (lamelle fisse)
2 Lucernario con frangisole esterno (lamelle fisse)
3 Lucernario con retino di lamelle
4 Trave reticolare con lucernario
5 Alettone di colmo e sottostanti flaps di tiraggio naturale termico e aspirazione del fumo
6 Grandi superfici vetrate orientate a nord
7 Copertura sospesa, pannelli di legno e profili a nastro. Alcune zone della superficie interna del tetto sono rivestite di lamiera lucida per la riflessione della luce solare
8 Cavi di controvento per la riduzione delle tensioni dinamiche
9 Deflettori di luce
10 Canali di ventilazione vetrati
11 Zona di transito pedonale
12 Galleria di emergenza
13 Galleria di servizio

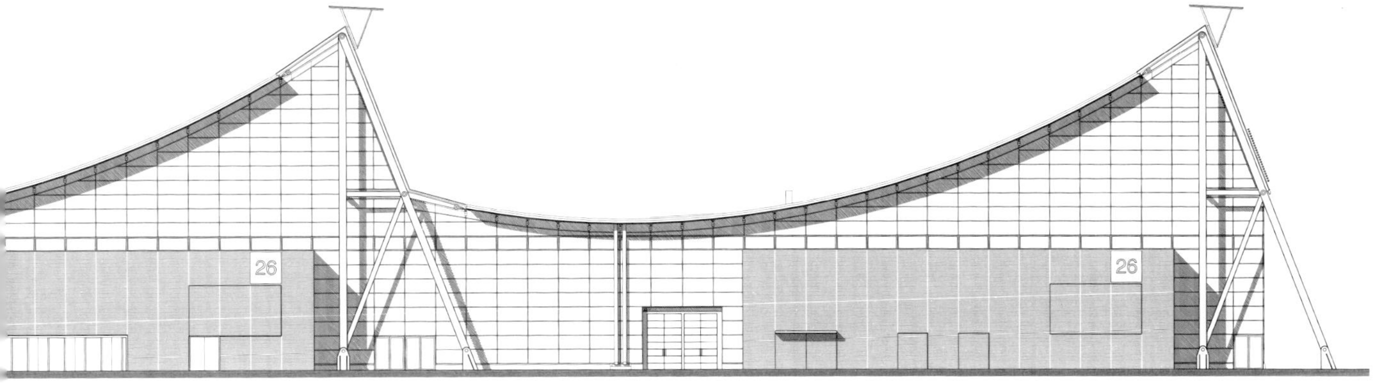

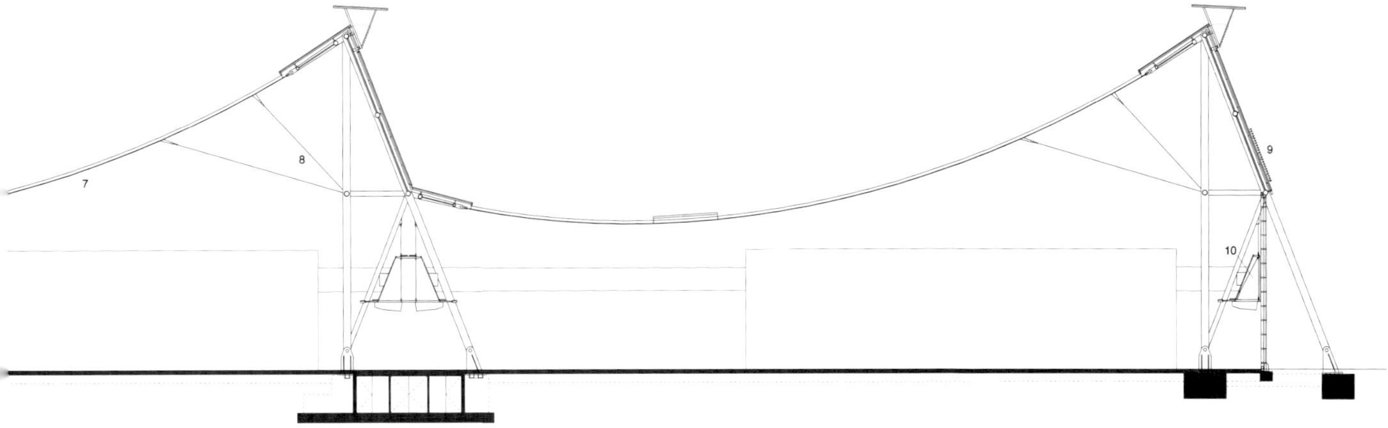

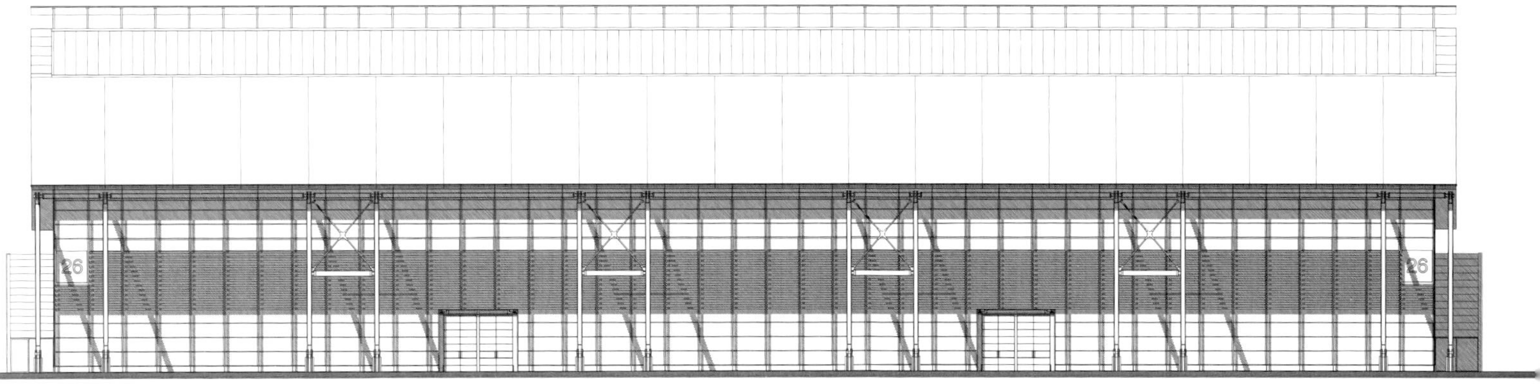

Ansicht Süd M 1 : 600

South elevation scale 1 : 600

Prospetto sud scala 1 : 600

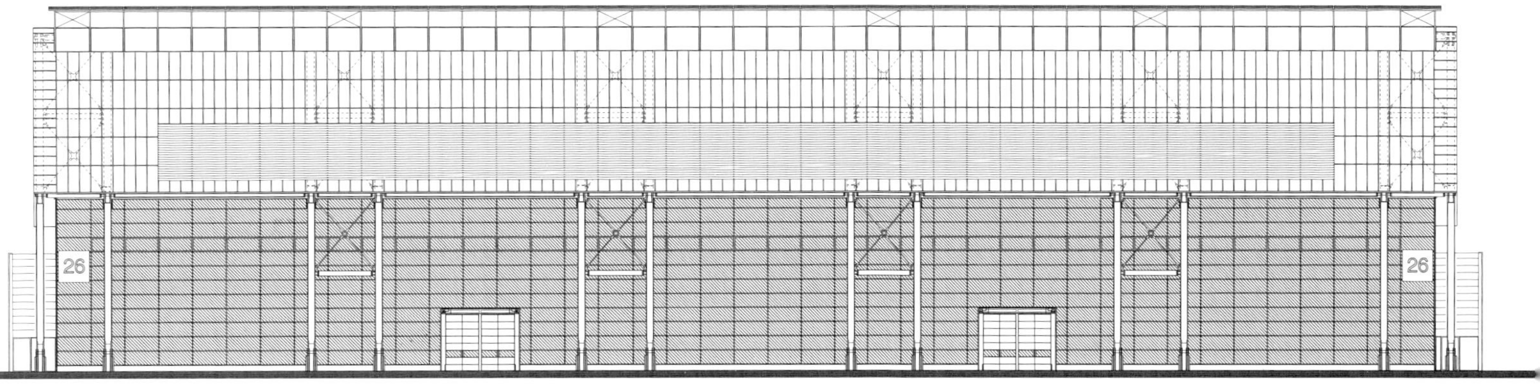

Ansicht Nord M 1 : 600

North elevation scale 1 : 600

Prospetto nord scala 1 : 600

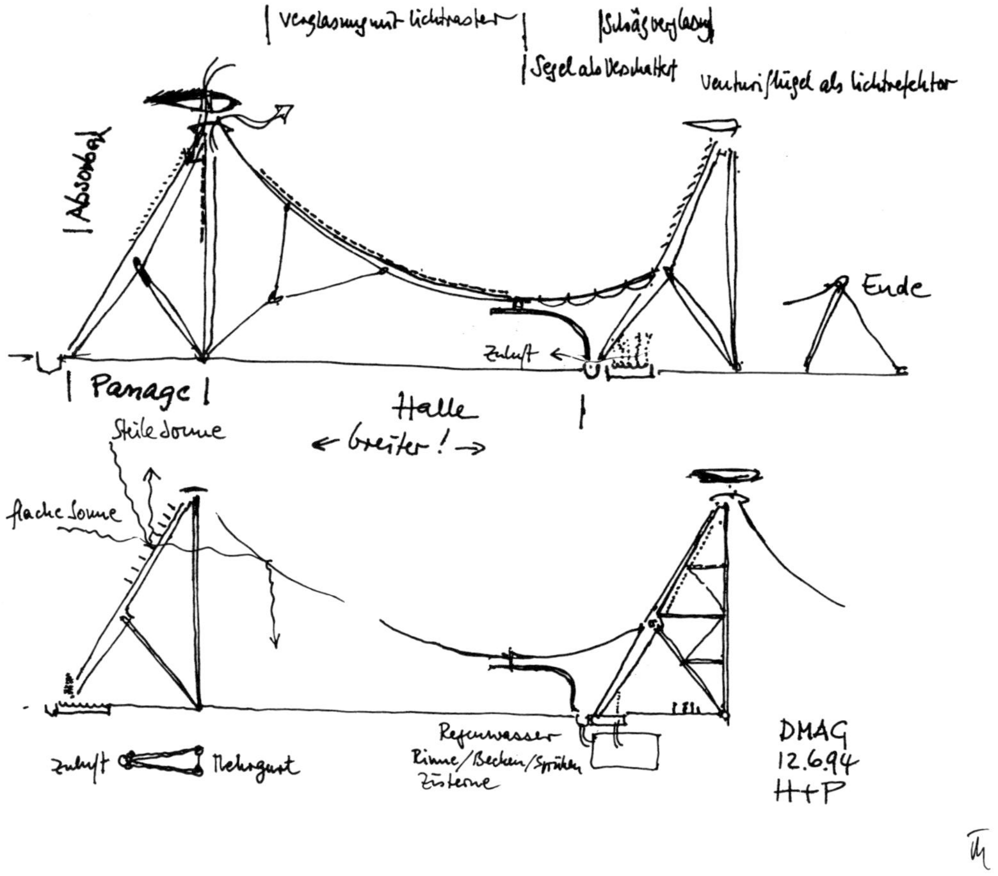
Absorber
Ende
Passage
Halle
breiter!
Zuluft
DMAG
12.6.94
H+P

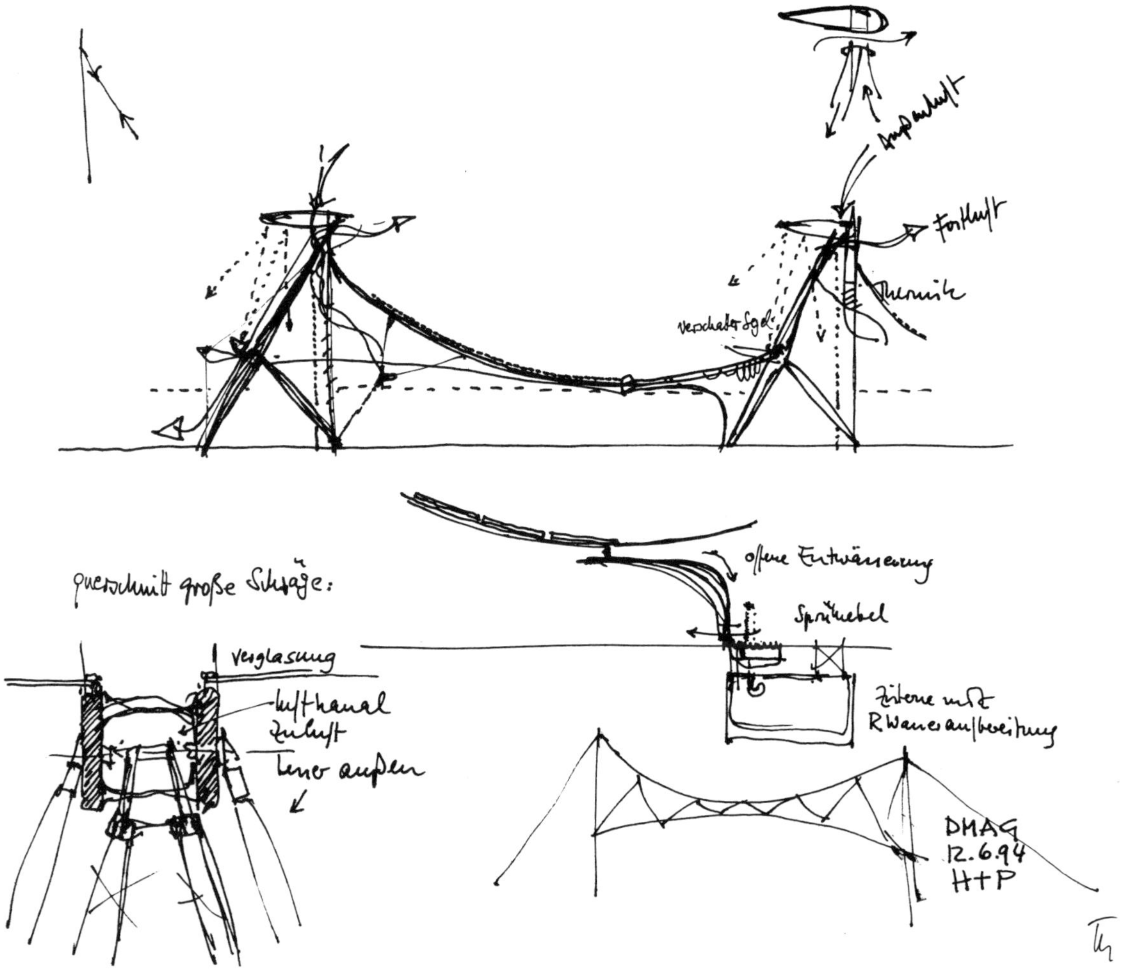
Fortluft
Thermik
offene Entwässerung
Verglasung
DMAG
12.6.94
H+P

Stand 12.6.94 — Konzept:

- Lineare Zonierung (4:1)
  N-S people mover und Anlieferungsstraßen (offen)
  O-W durchgrünte Passagen. Pflanzen/Sauerstoff.
- Hochpunkte mit 'Venturi'-Flügel. Zuluft von oben durch Flügel (Außenluft) Abluft über Einschnürungszone (Fortluft).
- gleichzeitige Nutzung über Lichtstrahler von unten (Reflektoren)
- im Hochbereich der Halle als Absorber schwarze Metallplatten zur Thermik-Unterstützung
- im Hochbereich Wärmetauscher möglich
- Integration Zuluftkanäle in den vertikalen Tragwerksteilen (Winter) mit Ventilator
- Zuluft von Norden in die Hallen durch Becken mit Sprühnebel vorgekühlt (Sommer). Gereinigtes Regenwasser aus Zisternen. Alternativ: Vorkühlung der Außenluft durch Erdberührten Bodenkanal (Grundwasser?)
- Passagen im Winter als Großkollektor bezw Puffer bezw. Schleuse
- PV auf 'Venturi Flügeln' → Antrieb Zuluftgebläse

- brilliantes Tageslicht über vollverglastes Dach – ohne Blendung u Aufheizung DL-Faktor 25-30%. In den Hallen sehr hohe Gleichmäßigkeit und Lichtqualität. g-Wert besser als 0.15! K-Wert ca 1.3 (min.)
- differenziertes Tageslichtmilieu mit modulierbarer, kontrollierter Direktstrahlung
- Kunstlicht von unten! Dachformen und Sonderbauteile wirken als Großreflektoren
- Deckenregister, großmaschig (ev. in Konstruktion d. Dachhülle integriert) zur Heizung u. Kühlung durch Strahlung (Raum + Boden u. Hülle!)
- lokales Umluftsystem für den mobilen Einsatz (nach Bedarf) mit Anschluß an E-Kanäle, Aussenseite als Info-Träger

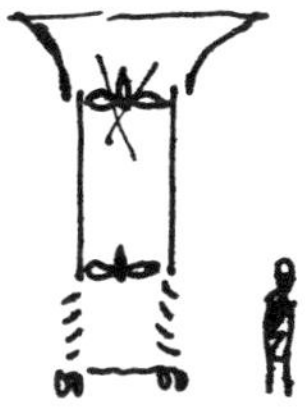

H+P

Th

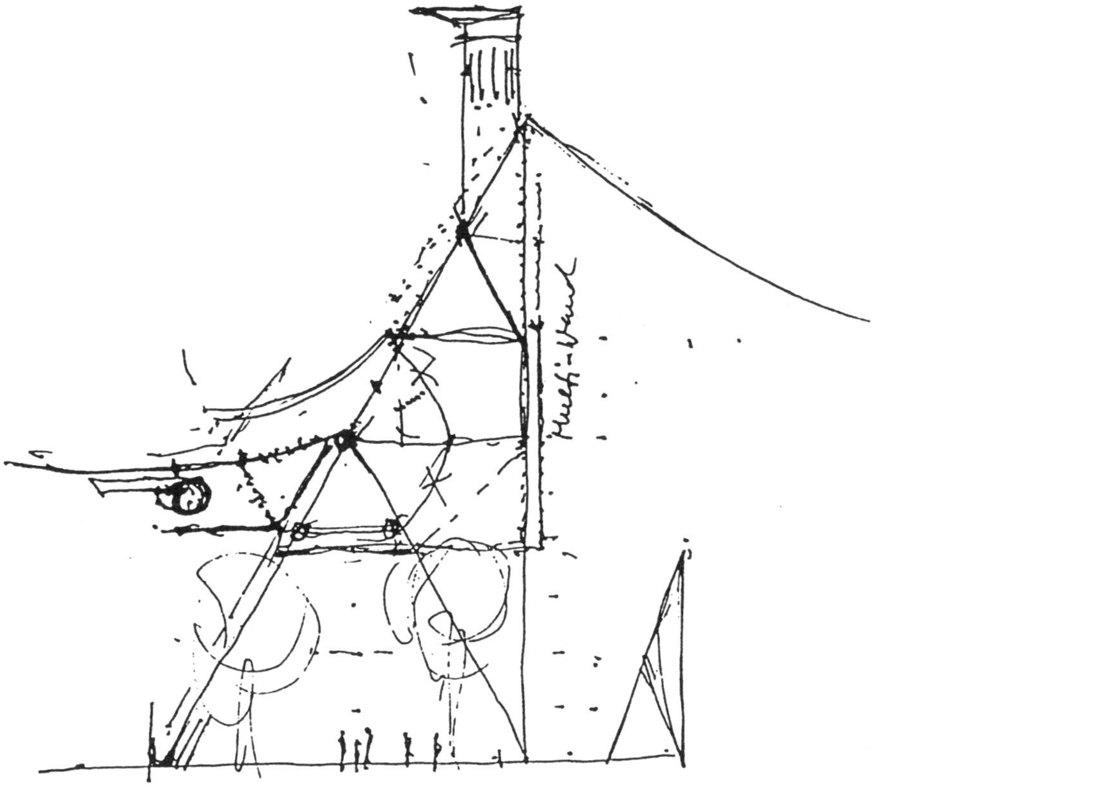

Konzept für das Raumklima

Die Gebäudesilhouette bzw. der Querschnitt sind weitgehend aus den Formgesetzen der zugbeanspruchten Konstruktion und aus den Anforderungen der natürlichen Gebäudeklimatisierung und der Tageslichtnutzung abgeleitet.

Während in den meisten Fällen Messehallen mit einer Luftführung von oben nach oben und damit durch Mischlüftung betrieben werden, erfolgt hier eine Luftführung im Kühlbetrieb von unten nach oben. Die Luftzufuhr über die Bodenflächen ist allerdings bei 10 t Bodenbelastung/m² und bei z.T. großen Messebaueingriffen für temporär genutzte Fundamente mit vertretbarem Aufwand nicht möglich. Deshalb wurde ein System entwickelt, bei dem die Luftzufuhr durch spezielle, großformatige Auslässe erfolgt, die als Baldachin ausgebildet sind. Aus einer Höhe von 4,70 m strömt die Zuluft nach unten hin aus und verteilt sich von dort über den ganzen Hallenboden hin gleichmäßig in der gesamten Raumtiefe. Die Zuführung erfolgt über gläserne Kanäle, welche die Durchsicht freilassen und die in den Haupterschließungsachsen liegen. Ähnlich wie bei einer Quell-Lüftung steigt die Luft an den im Raum befindlichen Wärmequellen (Menschen, Maschinen, Geräte, Computer, Leuchten usw.) langsam wieder nach oben.

Die eindeutigen Vorteile liegen bei diesem System in der Verbesserung der Luftqualität und der Verbesserung des Komforts im Aufenthaltsbereich. Die verbrauchte Luft folgt dem Prinzip des thermischen Auftriebs und verläßt das Gebäude im Firstbereich. Das gewählte Prinzip verringert die Aufwendungen für mechanische Lüftung um ca. 50 %.

Im Heizbetrieb erfolgt eine Umschaltung der vorgewärmten Zuluft auf horizontal ausblasende, verstellbare Weitwurfdüsen.

Das System der Luftführung wurde im Modellversuch 1 : 5 entwickelt und auf seine Wirksamkeit hin geprüft, die natürliche Lüftung und ihre Überlagerung mit der mechanischen Lüftung wurden sowohl im Windkanal als auch durch computergestützte Simulationen nachgewiesen.

Im Firstbereich befinden sich durchgehende Öffnungen, die durch einzeln steuerbare Klappen unterschiedlich – je nach Windanströmungsrichtung – individuell schließbar oder zu öffnen sind, so daß jeweils nur Sogkräfte wirksam werden; dies wird durch die Anordnung darüber befindlicher horizontaler Abdeckungen verstärkt, welche eine Art Venturi-Effekt erzeugen (Abzug warmer Luft durch schmale Öffnung).

Concept for indoor climate

The silhouette or cross-section of the building is largely determined by two aspects: the formal laws governing the tensile structural roof system; and requirements for the natural control of the indoor climate and the exploitation of daylight.

Air circulation in most trade fair halls is from top to top and takes the form of a combined system. Here, in contrast, the cooling system functions from bottom to top. With a maximum floor loading of 10 tonnes/m², however, and with the need for major construction measures on occasion to create new temporary foundations for exhibits, an air-inlet system at floor level would not have been possible at a reasonable cost. A method was, therefore, designed by which air is introduced through special overhead canopies with large-area inlets. Fresh air is fed in at a height of 4.70 m and flows downwards, distributing itself evenly over the floor and penetrating to all areas of the hall. The air supply is via large glass ducts routed along the main lines of access. The transparent sides of these ducts help to retain the continuity of the internal space. In a similar manner to a fresh-air floor-inlet system, the air is then borne slowly upwards by the heat generated within the space itself (by human beings, machines, equipment, computers, light fittings, etc.).

The evident advantages of this system lie in the better air quality and the greater degree of comfort experienced by those within the hall. Following the principle of thermal rising currents, used air leaves the building in the ridge zone. The system adopted for this scheme reduces the expenditure for mechanical ventilation by approximately 50 per cent.

For heating purposes, the installation can be switched to a system by which pre-heated air is injected horizontally via adjustable long-range nozzles.

The air circulation system was developed and tested on the basis of a 1 : 5 model. The effectiveness of the natural ventilation and the superimposition of mechanical ventilation were demonstrated both in wind-tunnel trials and through computer-aided simulations.

The continuous openings in the ridge zone can be opened or closed by a system of adjustable flaps. The flaps can be individually controlled, depending to the direction of wind currents, so that only suction forces are active at any one time. This system is supported by a horizontal capping over the crest of the roof, creating a kind of Venturi effect.

Concetto per la ventilazione

Il profilo della costruzione, e quindi la sua sezione, sono dedotti in grandi linee dalle esigenze statiche di una struttura sospesa (catenaria), da quelle dello sfruttamento della luce diurna e dalle leggi della ventilazione naturale.

Se nella maggior parte dei casi i padiglioni per esposizioni sono serviti da un ciclo di ventilazione dall'alto verso l'alto con il conseguente mescolamento di aria pura con aria viziata, in questo caso il percorso di ventilazione, in regime di refrigerazione, è dal basso verso l'alto. L'immissione attraverso il piano del pavimento non sarebbe stata in ogni caso una soluzione economicamente accettabile, dati il carico di 10 t per metro quadro e gli interventi temporanei di fondazione necessari alla statica di grandi allestimenti. Per questo motivo abbiamo sviluppato un sistema nel quale l'aria viene distribuita attraverso speciali elementi perforati di grandi proporzioni a forma di baldacchino. Essa soffia verso il basso da una altezza di 4,70 m distribuendosi uniformemente su tutta la superficie del padiglione e in tutta la sua profondità. La sua conduzione avviene attraverso canali di vetro che lasciano libera la visuale e sono collocati in corrispondenza degli assi principali di collegamento. In modo simile ad una situazione di ventilazione ottenuta attraverso un effetto di galleggiamento, l'aria lambisce le fonti di calore (persone, macchine, apparecchiature, computers, fonti luminose etc.) e risale verso l'alto.

I vantaggi evidenti di questo sistema stanno nella migliore qualità dell'aria e nell'aumento delle sensazioni di comfort per chi si trova nelle aree di permanenza. L'aria viziata segue il principio del tiraggio naturale termico e abbandona l'edificio nelle zone di colmo. La scelta di questo principio diminuisce di circa il 50 % l'impiego della ventilazione forzata.

In regime invernale la distribuzione dell'aria preriscaldata viene deviata su degli ugelli orientabili, orizzontali, a lunga gittata.

Il sistema di ventilazione è stato sviluppato e verificato nella sua efficacia con un modello sperimentale in scala 1:5, i cicli di aerazione e gli effetti della sovrapposizione al sistema di ventilazione sono stati analizzati nella galleria del vento e con simulazioni al computer.

Nella zona di colmo abbiamo lasciato delle aperture continue che sono regolabili in funzione della direzione del vento per mezzo di "flaps" a controllo singolo e indipendente. In questo modo è possibile assicurare la generazione di sole correnti di tiraggio. Inoltre ponendo elementi di copertura orizzontali (simili ad alettoni) al di sopra delle aperture, le correnti si rinforzano tramite una specie di effetto Venturi.

Konzept für das Raumklima

Concept for indoor climate

Concetto per la ventilazione

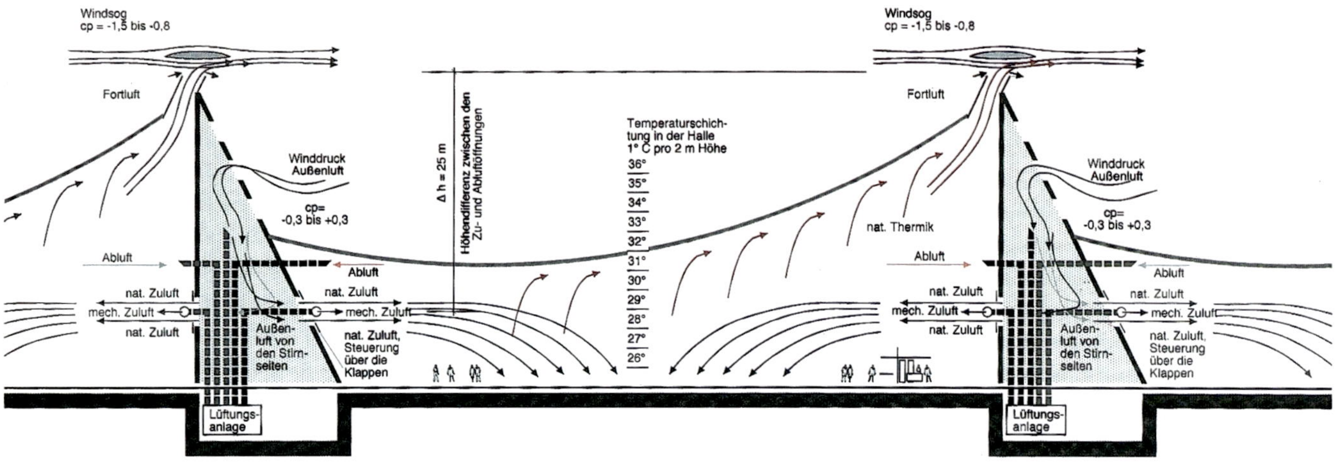

Funktionsschema (August 1994)

Darstellung der mechanischen Lüftung für den Heizbetrieb: Luftzuführung durch schwenkbare Weitwurfdüsen

Operational diagram (August 1994)

Mechanical ventilation for heating operations: warm-air input via long-range nozzles

Schema (Agosto 1994)

Principio di ventilazione forzata in regime di riscaldamento: immissione di aria attraverso ugelli orientabili a lunga gittata

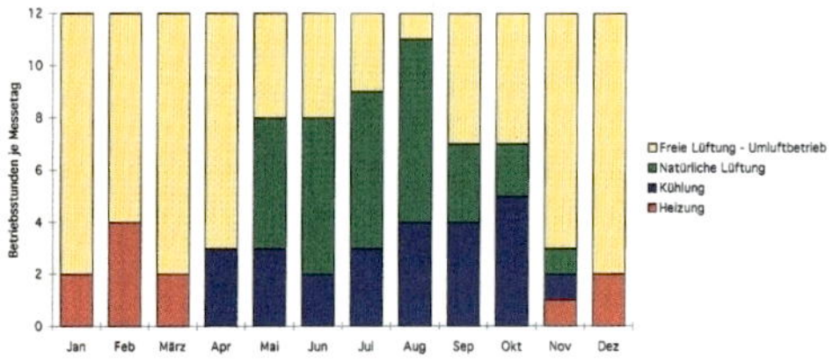

Anlagen der Raumlufttechnik bei Messebetrieb
Betriebsstunden je Messetag

Air-conditioning system during trade fair
Daily hours of operation

Impianti di ventilazione, durante un'esposizione
Ore di funzionamento giornaliere

Systemvergleich / Jahres-Energieverbrauch
Elt-Energie, kWh
k = konventioneller Anlagenbetrieb (bisher)
e = economic / hybrider Anlagenbetrieb

System comparison / annual energy consumption
electrical energy kWh
k = conventional operation (to date)
e = economic / hybrid operation

Comparazione / Consumi energetici annuali
Energia elettrica kWh
k = regime convenzionale (fino ad oggi in uso)
e = regime economico / combinato

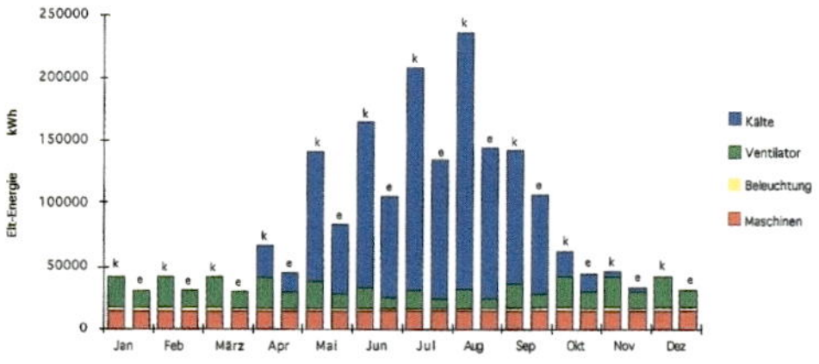

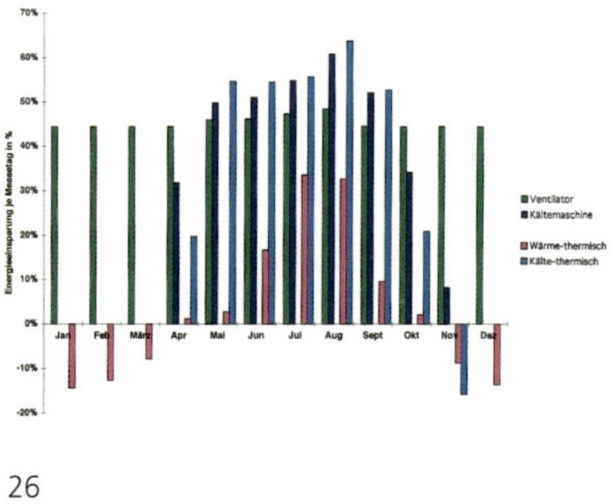

Hybrides System / Jahres-Energieeinsparung
je Messetag in %

Hybrid system: annual energy saving.
Daily energy saving in per cent

Sistema combinato / Risparmio energetico giornaliero
percentuale in un anno

Diagramme und Strömungsbilder von HL Technik, München, Ingenieure für Gebäudetechnik

Graphs and diagrams of air currents by HL Technik, Munich, engineers for constructional technology

Schema di ventilazione e diagrammi di HL Technik, Monaco, progettazione impiantistica

Teilschnitt Halle 26 / Section through Hall 26 / Halle 26, sezione

12 kW Last pro Meter Hallenbreite, im Muster verteilt auf Gänge und Messestände

12 kW loading per metre width of hall distributed over passageways and exhibition stands

Carico energetico di12 kW per metro largh.edificio, distribuzione nel modello su zone di transito e di esposizione

1 Kühlen

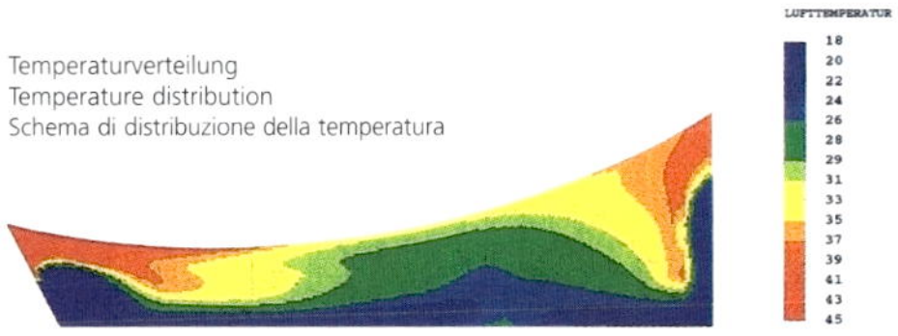

1 Mechanische Lüftungsebene,
Freistrahlen am nördlichen und südlichen Hallenende gekühlte Luft, 18 °C.
Austrittsvolumen 2 x 0,3 m³/s pro Meter Hallenbreite mit einer Geschwindigkeit von 6 m/s und in einem Winkel von 20° gegenüber der Waagrechten nach oben.
Abströmen über 2 Öffnungen unter der südlichen und nördlichen Dachkante, die über die ganze Hallenbreite reichen.

1 Cooling

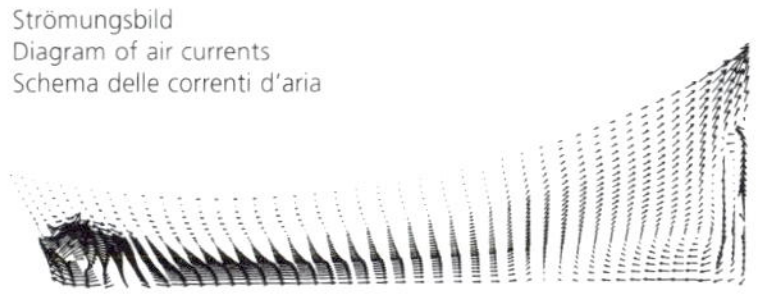

1 Plane of mechanical ventilation
free flow of air at north and south ends of hall
cooled air (18 °C).
Input volume: 2 x 0.3 m³/s per metre width of hall at a speed of 6 m/sec and at an upward angle of 20° from the horizontal.
Discharge via openings beneath south and north edges of roof over full width of roof.

1 Raffredamento

1 Livello di ventilazione forzata
emissione libera ai margini settent. e merid. dell'edificio
aria raffreddata 18 °C.
Volume di emissione 2 x 0,3 m³/s per metro largh. edificio con velocità 6 m/sec. e angolo 20° verso l'alto rispetto al piano orizz.
Tiraggio attraverso aperture poste sotto i margini settent. e merid. della copertura del tetto, per l'intera lunghezza.

2.1 24 °C Außentemperatur

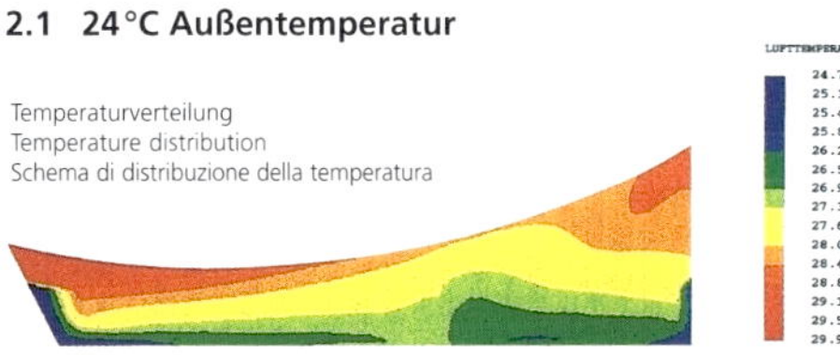

2.1 24 °C external temperature

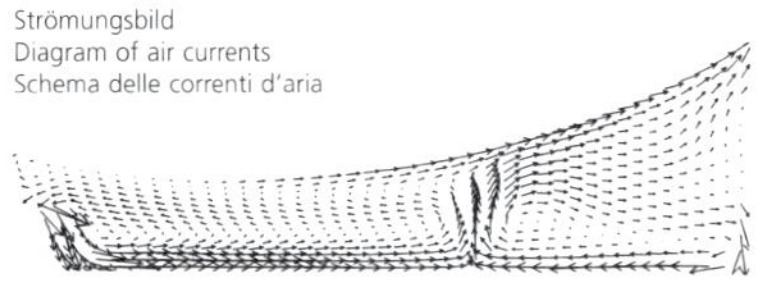

2.1 Temperatura esterna 24 °C

2.2 17 °C Außentemperatur

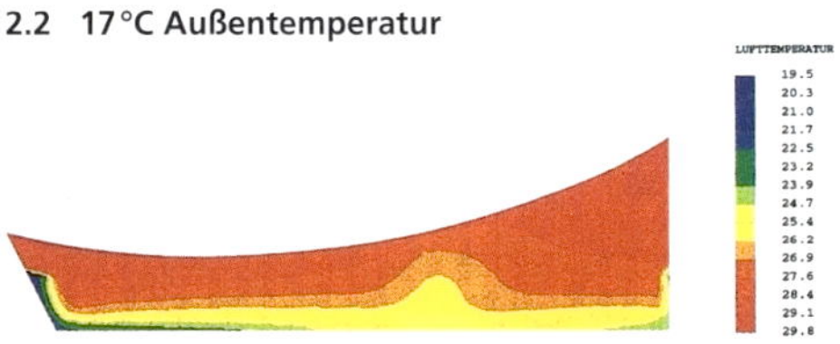

2.2 17 °C external temperature

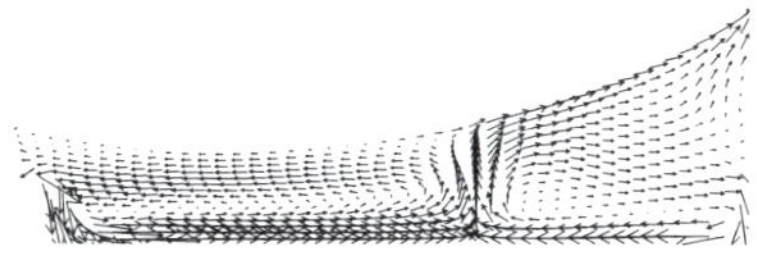

2.2 Temperatura esterna 17 °C

2 Natürliche Lüftung sowohl von Süden als auch von Norden
Im Süden:
Angenommener Zuluftvolumenstrom 0,9 m³/s pro Meter Hallenbreite. Lichte Höhe der Austrittsdüsen 1 m, Höhe der Düsenunterkante 8 m über Hallenboden.
Im Norden:
Angenommener Zuluftvolumenstrom 0,5 m³/s pro Meter Hallenbreite. Lichte Höhe der Austrittsöffnung 2 m, Höhe der Öffnungsunterkante 8 m über Hallenboden.
Luftaustritt nur unter der nördlichen Dachkante

2 Natural ventilation from south and north
At south:
assumed air intake volume: 0.9 m³/s per metre width of hall; clear height of input nozzle openings: 1 m; height of underside of nozzle above floor of hall: 8 m.
At north:
assumed air intake volume: 0.5 m³/s per metre width of hall; clear height of inlet openings: 2 m;
height of underside of openings above floor of hall: 8 m.
Air extract via edge of roof at north only.

2 Ventilazione naturale da Nord e da Sud
A Sud:
Volume d'aria d'alimentazione ipotizzata sul valore di 0.9 m³/s per metro largh. edificio. Ugelli di emissione: altezza di sezione 1 m, quota di base della sezione 8 m sul piano del pavimento.
A Nord:
Volume d' aria d' alimentazione ipotizzata sul valore di 0.5 m³/s per metro largh. edificio. Ugelli di emissione: altezza di sezione 2 m, quota di base della sezione 8 m sul piano del pavimento.
Disaerazione in zona di colmo settent.

3 Heizen

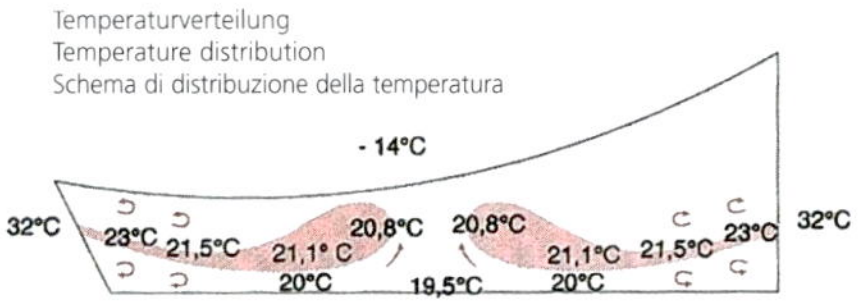

3 Beidseitige mechanische Lüftung mit Warmluft 32 °C
Im Winkel von 45° nach unten gerichtet
Umluftbetrieb
Volumenstrom 0,6 m³/s pro Meter Hallenbreite
Außenlufttemperatur –14 °C
8.800 W Heizlast pro Meter Hallenbreite

3 Heating

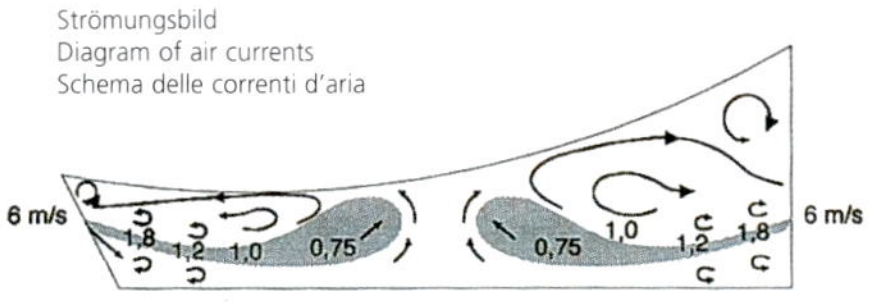

3 Mechanical ventilation from both sides with heated air (32 °C)
directed downward at an angle of 45°
recirculated air system
air volume: 0.6 m³/s per metre width of hall
external air temperature: –14 °C
8,800 W heating load per metre width of hall

3 Riscaldamento

3 Ventilazione forzata con aria calda 32 °C da ambo i lati
Con angolo 45° verso il basso rispetto al piano orizzontale
Ricambio di aria
Corrente d'aria da 0.5 m³/s .per metro largh. edificio
Temperatura esterna –14 °C
Carico energetico di riscaldamento pari a 8.800 W per metro largh. edificio

Konzept für das Raumklima

Concept for indoor climate

Concetto per la ventilazione

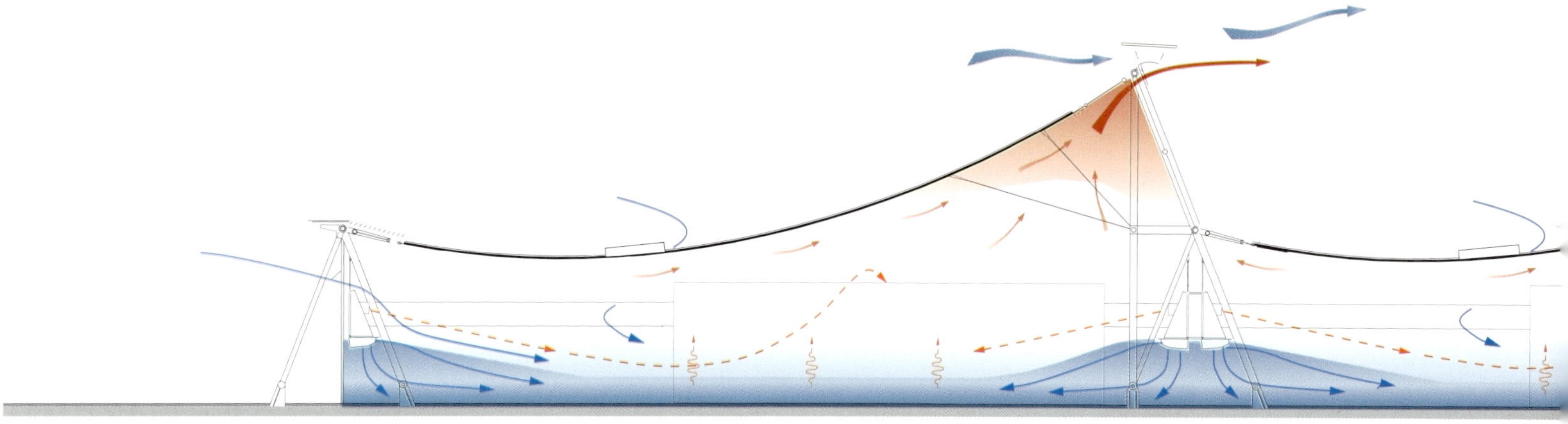

Mechanische und natürliche Belüftung
(Gebaute Version) M 1 : 600

Kühlfall:
1 natürliche Zuluft über Fassadenklappen
2 gläserner Luftkanal mit unterseitigen Quelluftauslässen für gekühlte Luft
3 thermischer Auftrieb durch innere Wärmequellen
4 natürliche Entlüftung über Firstklappen

Heizfall:
5 mechanische Verteilung erwärmter Zuluft durch Weitwurfdüsen
6 Abluft über die seitlichen Lüftungszentralen

Mechanical and natural ventilation
(as installed) scale 1 : 600

Cooling operation:
1 natural air supply via flaps in façade
2 glass ventilation duct with cool-air outlets in floor of duct
3 thermal up-currents from internal heat sources
4 natural ventilation via ridge flaps

Heating operation:
5 mechanical distribution of heated air via long-range nozzles
6 air extract via ventilation plant at sides

Ventilazione forzata e naturale
(versione realizzata) Scala 1 : 600

Regime di raffreddamento:
1 ventilazione naturale attraverso aperture nella facciata
2 canale vetrato di ventilazione con elementi perforati per l'emissione di aria raffreddata
3 tiraggio naturale termico dovuto a fonti di calore interne
4 tiraggio naturale attraverso i flaps di colmo

Regime di riscaldamento:
5 ventilazione forzata con aria preriscaldata immessa da ugelli a lunga gittata
6 aspirazione attraverso le centrali laterali di ventilazione

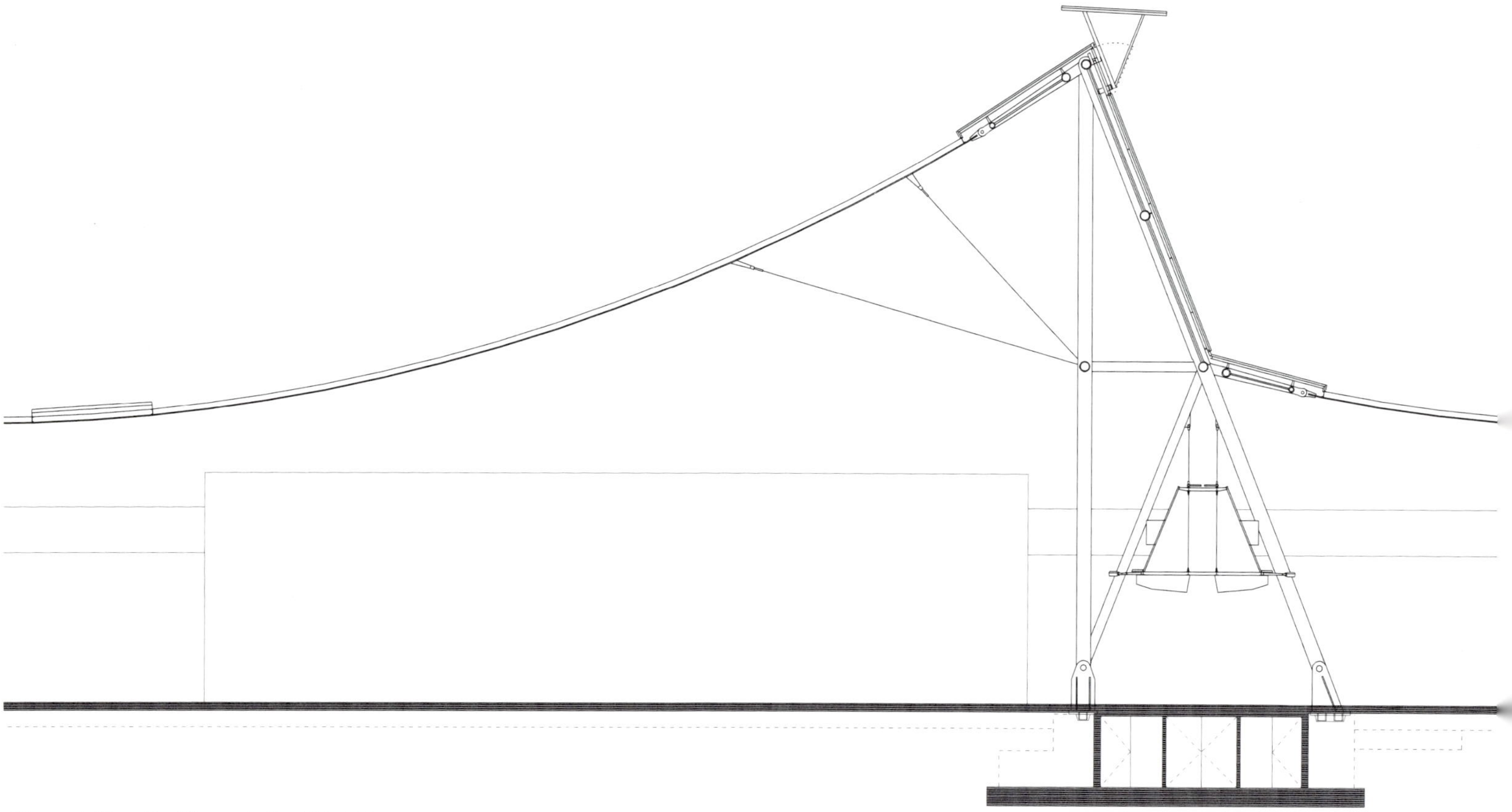

Gläserner Luftkanal im Teilquerschnitt M 1 : 300
Unten Installationskanal, Fluchttunnel, Installationskanal

Glass air duct: part cross-section scale 1 : 300
Below ground level: services duct, escape tunnel, services duct

Canale vetrato di ventilazione, sezione parziale scala 1 : 300
Sotteranei, canale di servizio, canale di emergenza, canale di servizio

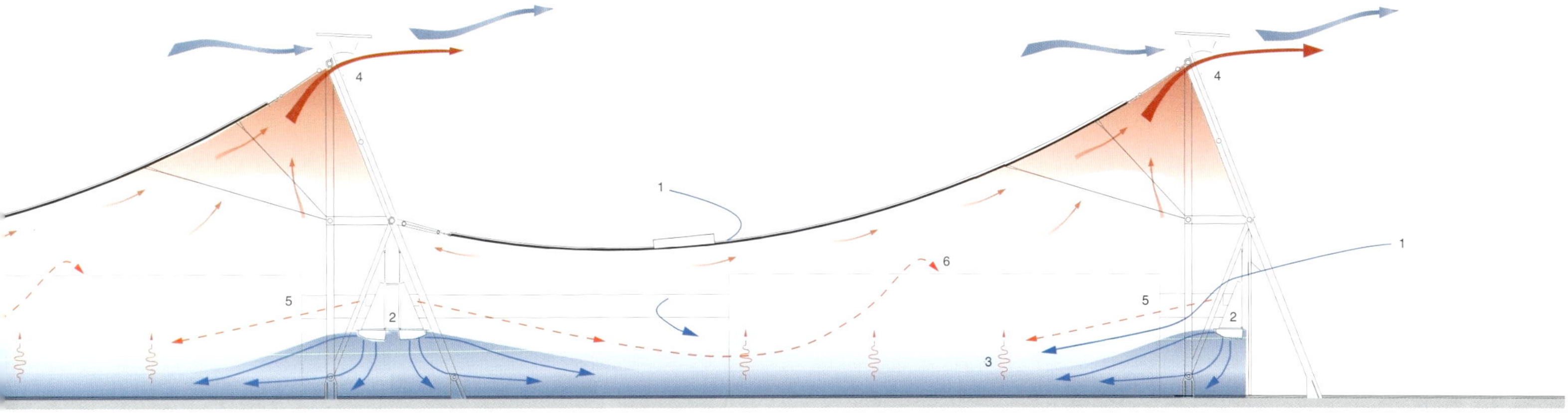
1
1
2
2
3
4
4
5
5
6

Tageslicht und Kunstlicht

Daylighting and artificial lighting

Illuminazione naturale e artificiale

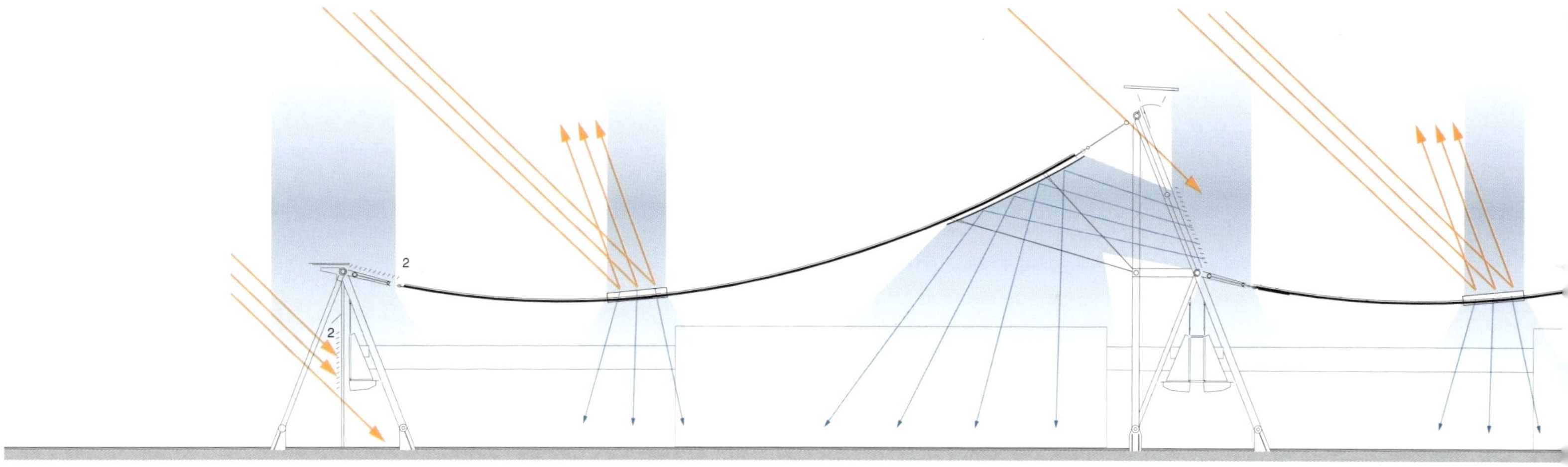

Übersicht der Tageslichtführung im Querschnitt
M 1 : 600

1 Direktes Sonnenlicht
2 Außenliegender Sonnenschutz
3 Isolierverglasung mit Lichtraster, reflektiertes Sonnenlicht
4 Diffuses Tageslicht
5 Lamellen zur Lichtumlenkung
6 Spiegeldecke

Diagram of daylighting system: cross-section
scale 1 : 600

1 direct sunlight
2 external sunscreening
3 triple glazing with daylight grids; reflected sunlight
4 diffused daylight
5 louvres for light deflection
6 mirror soffit

Illuminazione naturale, sezione
scala 1 : 600

1 Luce solare diretta
2 Frangisole esterno
3 Vetro isolante con retino di lamelle frangisole, luce solare riflessa
4 Luce solare diffusa
5 Deflettori di luce solare (lamelle)
6 Superficie riflettente (a specchio)

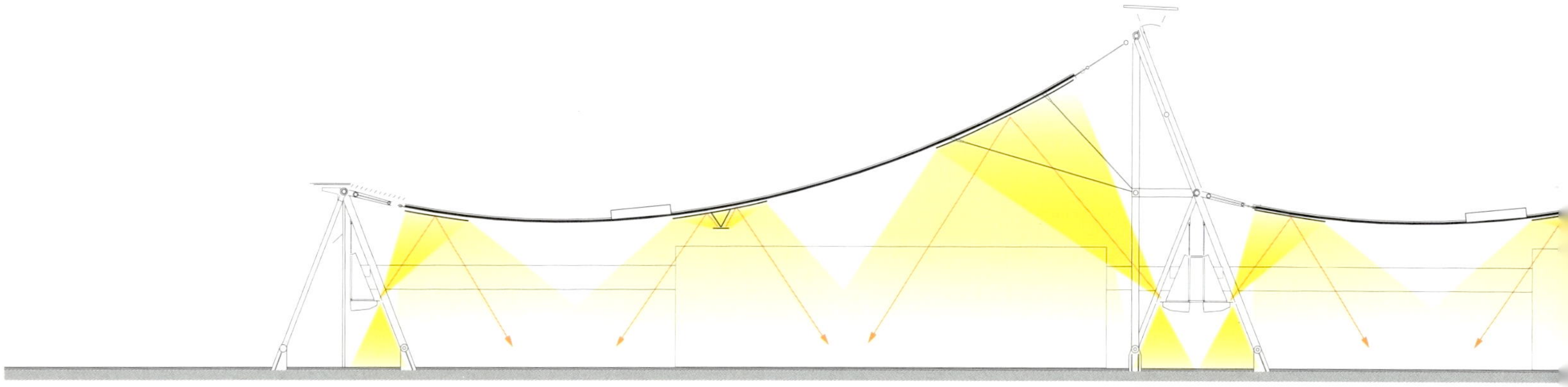

Übersicht der künstlichen Beleuchtung im Querschnitt
M 1 : 600

1 Glaskanal mit seitlich angeordneten Leuchten
2 indirekte Beleuchtung über Spiegeldecke
3 abgehängte Leuchtentrasse

Artificial lighting system: cross-section
scale 1 : 600

1 glass duct with light fittings at sides
2 indirect lighting via mirror soffit
3 suspended lighting strip

Illuminazione artificiale, sezione
scala 1 : 600

1 Canale vetrato con elementi di illuminazione laterali
2 Illuminazione indiretta ottenuta attraverso le superfici riflettenti del tetto
3 Fila di elementi illuminanti

Die natürliche Belichtung der Halle erfolgt über große Nordverglasungen im Bereich der Stahlhauptkonstruktionen bzw. in den Feldern dazwischen über mit Lichtrastern bestückte Oberlichter im Bereich des Tiefpunkts der Hängekonstruktion des Daches. Durch lichtlenkende Elemente wird das Tageslicht über den »Großreflektor« Hallendach in den Aufenthaltsbereich gelenkt. Dem gleichen Prinzip folgt die Tageslichtergänzungsbeleuchtung sowie das Kunstlicht, bei dem die gekrümmten,

Natural lighting within the hall occurs via large north lights along the main steel structural supports and via light grids in the roof at the lowest points of the suspension bays. Light-deflecting elements channel daylight through the large "reflector" roof of the hall into the public areas. The supplementary lighting and the artificial lighting systems follow the same principle, whereby the convex surfaces of the soffit are used to diffuse light.

L'illuminazione naturale del padiglione è consentita sia da grandi superfici vetrate orientate verso Nord e collocate nella zona della struttura primaria; sia da lucernari posti nelle campate intermedie in zona di compluvio e a loro volta equipaggiati con retini di lamelle. Attraverso deflettori esterni la luce diurna viene riflessa sulla superficie interna del tetto (utilizzato come "grande riflettore") e diretta verso le zone di esposizione. Lo stesso principio viene utilizzato per l'illuminazione

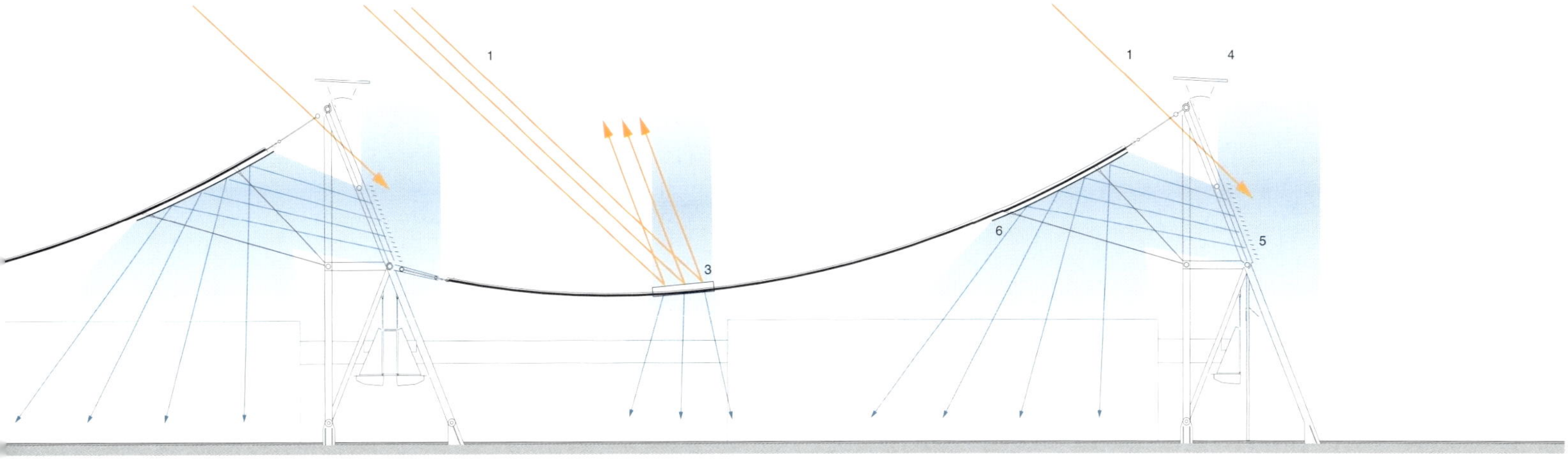

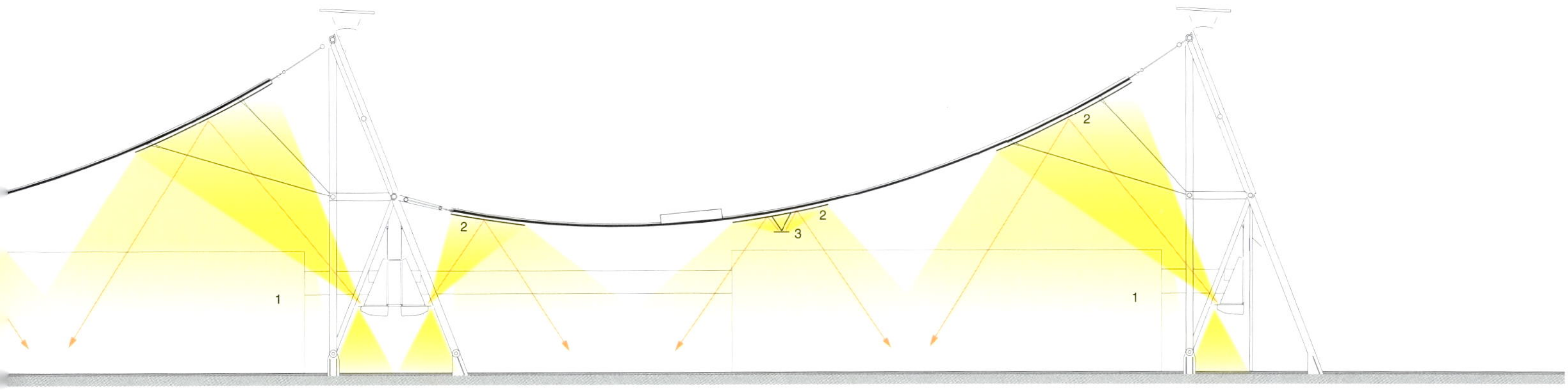

großen Dachflächen zur Lichtstreuung genutzt werden. Auch Lichtlenkung und -verteilung und die Anordnung des Kunstlichtes wurden durch Simulationen optimiert.

Da das Regenwasser über eine konvexe Gegenkrümmung der Dachfläche zu den östlichen und westlichen Dachrändern nach außen abgeleitet wird (wobei diese zusätzliche und gegenläufige Krümmung für den Innenraum sehr günstig ist), ermöglichen es die vorgenannten Maßnahmen, die riesigen Dachflächen und die Ausstellungsräume von installationstechnischen Einbauten frei zu halten. Die Installationen werden an einem Punkt, dem gläsernen Luftkanal mit seinem Quell-Luft-Baldachin konzentriert. Es entsteht ein heller, hoher, weiter Raum, der – als architektonische Leistungsform entwickelt – seine Charakteristik ästhetisch unmittelbar mitteilt.

Rainwater runs off via the convex counter-curvature of the roof to the eastern and western outer edges. (This secondary curvature also greatly enhances the quality of the internal space.) The design measures described above meant that the huge roof areas and the exhibition spaces could be kept free of mechanical services. These are concentrated at a single point: along the glazed ventilation duct and air inlet canopy. As a result, it was possible to create a bright, high, generous space – and an efficient architectural form – the specific characteristics of which are communicated in an aesthetically direct manner.

Light deflection and diffusion systems, as well as the layout of the artificial lighting, were also optimized by means of simulation trials.

artificiale e per il completamento di quella naturale, principio secondo cui le grandi superfici curve della copertura fungono anche come diffusori di luce.

Poiché l'acqua piovana viene fatta confluire verso i margini orientali e occidentali grazie ad una controcurvatura (questa ulteriore concavità contribuisce a migliorare molto la percezione dello spazio interno) è possibile mantenere libera la grande superficie del tetto e gli spazi espositivi sottostanti da ogni istallazione impiantistica e di concentrare queste sul canale di ventilazione e sul suo "baldacchino". Il risultato è un ambiente ancor più luminoso e spazioso, nato da una evoluzione funzionale, che comunica il suo carattere estetico in modo immediato.

Anche i sistemi di diffusione della luce così come la disposizione delle fonti sono stati ottimizzati con simulazioni.

Tageslicht und Kunstlicht
Daylighting and artificial lighting
Illuminazione naturale e artificiale

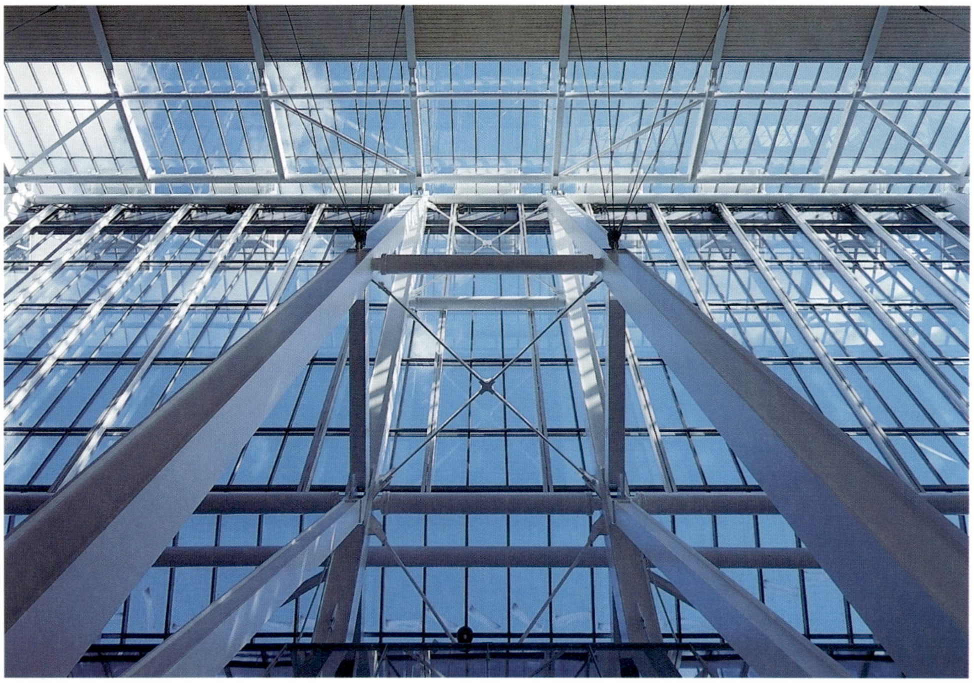

Oberlichtband mit integriertem Sonnenschutzraster, Deckenreflektoren und Stromschiene mit Leuchten im Bereich der Tiefpunkte

Rooflight strip with integrated sunscreen grids, soffit reflectors and electrical conduit with light fittings at lowest point of suspension bay

Lucernario con retino di lamelle frangisole, superfici riflettenti e fila di elementi illuminanti posti in zona di compluvio

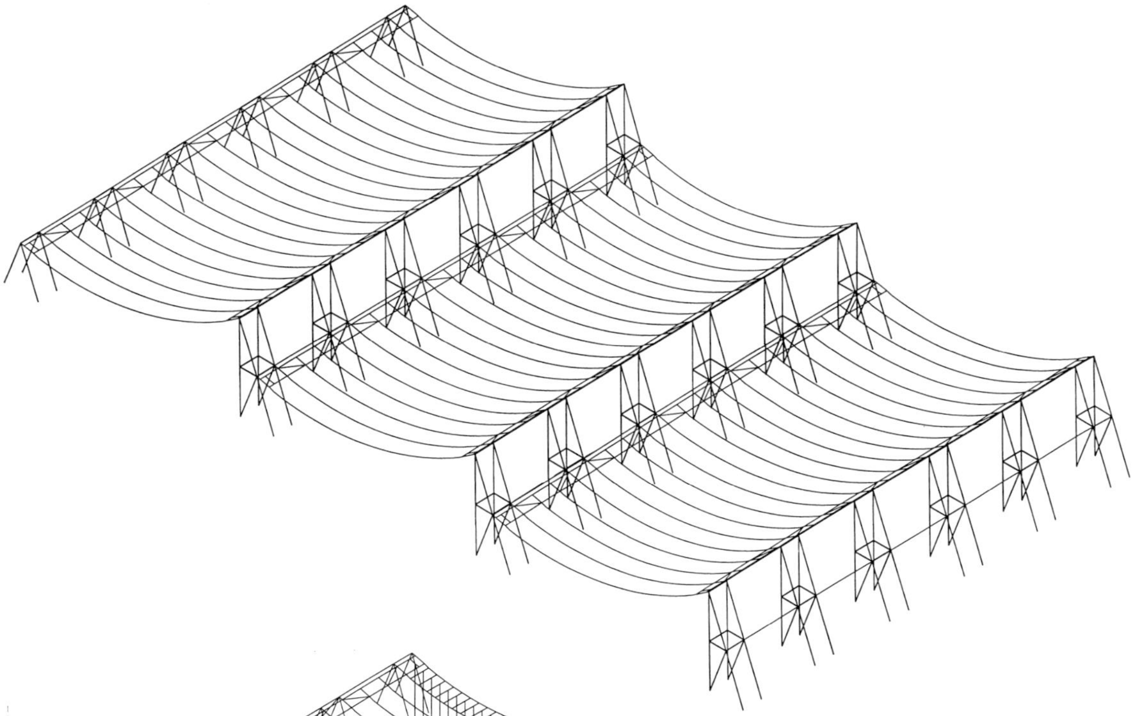

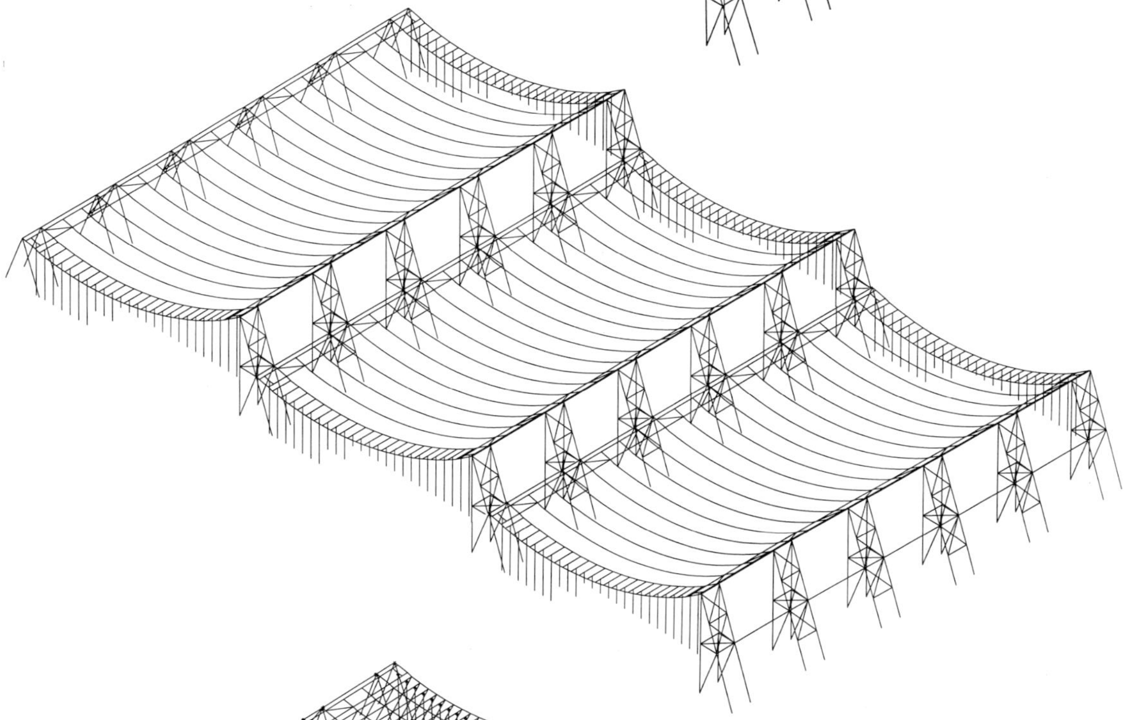

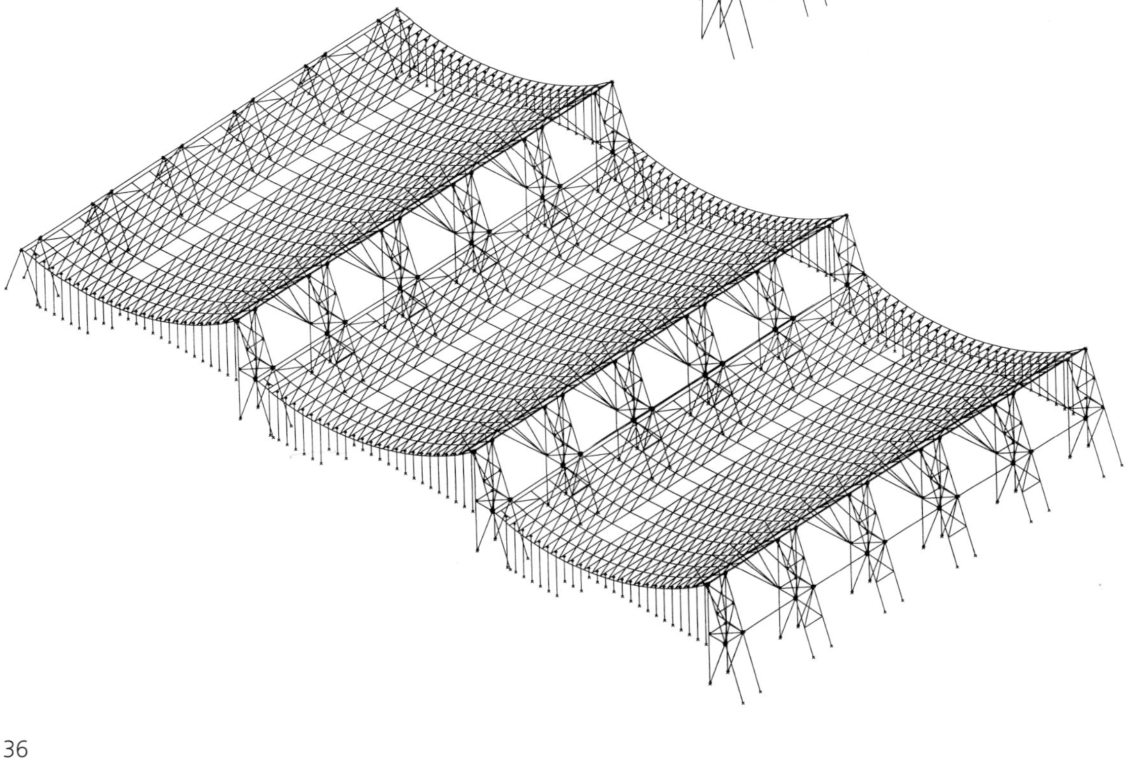

Hauptstrukturen des Tragwerks
Zeichnungen
der Tragwerksingenieure

Main load-bearing structures
Structural engineers' drawings

Strutture portanti principali
Tavole strutturali

Das Hängedach besteht aus stählernen Zugbändern (St 52) von 300 x 40 mm, welche die Dachfläche aus Holzpaneelen tragen. Die Hänger spannen im Abstand von 5,50 m über ca. 55 m. Bezüglich der Toleranzen waren hohe Anforderungen gestellt, da sich jede Längenänderung spürbar im Tiefpunktbereich auswirkt. Die Lasten aus den Zugbändern werden durch in der Dachebene liegende Fachwerkträger »eingesammelt«. Die Verbindungen erfolgen gelenkig. Diese Bolzenverbindungen sind an den Hochpunkten fest und an den Tiefpunkten verstellbar mit der Möglichkeit zur Längenkorrektur ausgeführt.

Die Holzpaneele enthalten Dampfbremsen, Wärmedämmung und zur Gewichtserhöhung gegen Sogkräfte eine Kiesschüttung. Sie sind mit den Hängebändern verschraubt, wodurch eine zusammenhängende Dachscheibe entsteht, die horizontale Lasten aus Windkräften an den Ost- und Westfassaden aufnehmen und über die Fachwerkträger in die Böcke einleiten kann. Gegen dynamische Effekte sind zusätzliche Abspannseile angeordnet, welche die Zugbänder mit den Böcken verbinden. Die Böcke an der Nordseite sind unter den Schrägstützen über Rammpfähle tief gegründet. Alle anderen Böcke haben eine Flachgründung. In den mittleren Bereichen liegen hier noch Flucht- und Installationstunnels.

Die Böcke sind räumlich ausgebildet und übernehmen die Aussteifung in Längs- und Querrichtung. Ihre Spitzen sowie die Anhängepunkte auf halber Höhe sind untereinander mit durchlaufenden Rohren verbunden. Im Bereich der Durchfahrtshöhen werden die Auskreuzungen durch Rahmentragwerke ersetzt. Am Fußpunkt werden die Kastenprofile der Böcke ebenfalls durch Bolzenverbindungen an den Auflagerteilen gelenkig fixiert. Sie sind bis zu einer Höhe von 14 m aus Brandschutzgründen mit Beton ausgegossen. Die Kräfte in der horizontalen Auflagerplatte werden über Spannglieder und Gewindestangen auf die Gründung übertragen.

The suspension roof structure consists of 300 x 40 mm steel tie members at 5.50 m centres, supporting timber panel roof finishings. The suspension members span a distance of approximately 55 metres and are in steel quality St 52 (min. tensile strength 520 N/mm^2). The requirements in respect of tolerances were extremely demanding, since every change in length has a pronounced effect on the lowest point of the roof. The loads from the tie members are "collected" by trussed girders in the plane of the roof. The bolted connections are in the form of hinged joints – fixed at the zenith and adjustable at the lowest points – providing scope for longitudinal correction.

The timber composite panels contain vapour barriers, thermal insulation and a layer of gravel to increase the weight and thus resist suction forces. The panels are bolted to the flat suspension members, a form of construction that results in a homogeneous roof sheet capable of absorbing the horizontal wind loads on the east and west façades and transmitting them via the trussed girders into the trestle-like masts. Additional anchor cables were fixed between the flat suspension members and the masts to counter dynamic effects. The raking struts of the masts at the northern end are anchored deep in the ground by means of driven piles. All other struts have pad foundations. Beneath the central cross-strips are escape and service tunnels.

The trestle-like masts are designed as spatial elements and provide bracing in the longitudinal and lateral directions. Continuous tubular members join the tips of the masts to the points of connection for the suspension members roughly half way up the height. In the vehicle access areas, the diagonal cross-bracing is replaced up to the headroom height by framed elements. At the base, the box-section mast members are also fixed with bolted hinged joints to their supports. To provide the necessary fire protection, they are filled with concrete up to a height of 14 metres. The loads on the horizontal seatings are transmitted to the foundations via prestressed tendons and threaded rods.

La copertura sospesa del padiglione è realizzata con profili a nastro, di acciaio (St 52) 300 x 40 mm, sui quali poggia una superficie di pannelli di legno. I nastri sono sospesi ad intervalli di 5,5 m a coprire una luce di 55 m circa. Relativamente alle tolleranze di posizione le prestazioni richieste sono molto alte dal momento che ogni deformazione longitudinale si rifletterebbe in modo gravoso su variazioni di quota del punto di compluvio. I carichi provenienti dai nastri d'acciaio vengono raccolti da una trave reticolare posta nel piano della copertura. Le connessioni consistono in giunti a cerniera, di natura fissa nei punti di ancoraggio superiori e regolabile in quelli inferiori in modo da rendere possibili modifiche sulla lunghezza dei nastri.

I pannelli di legno hanno all'interno una barriera vapore parziale, uno strato di materiale isolante e uno strato di ghiaia che ne aumenta il peso specifico per un'azione di contrasto agli effetti delle depressioni. I pannelli sono imbullonati ai nastri di acciaio in modo da reagire staticamente come un'unica superficie capace di contenere la spinta del vento sulle facciate orientali e occidentali dell' edificio e di trasferirla per mezzo delle travi reticolari ai piloni di sostegno. Per elidere gli effetti dinamici che possono insorgere nella struttura sono previsti dei cavi di controvento aggiuntivi, che collegano i nastri di acciaio con i piloni dalla caratteristica forma "a cavalletto". Le fondazioni molto profonde alla base dei "cavalletti" settentrionali sono realizzate con pali battuti, le altre sono a piastra. Nelle zone interne del padiglione, al di sotto delle piastre, corrono gallerie di servizio e di evacuazione in caso di emergenza.

I piloni "a cavalletto" hanno una geometria tridimensionale e consolidano la struttura sia nel suo senso longitudinale che in quello trasversale. I rispettivi colmi così come i punti di ancoraggio intermedi sono collegati tra loro con profili tubolari continui. Nella parte bassa la struttura a traliccio è sostituita da portali per non limitare il passaggio pedonale e dei mezzi. I profili scatolari dei piloni sono fissati agli elementi della base tramite giunti a cerniera. Quale misura antincendio all' interno degli stessi viene colato calcestruzzo fino ad un'altezza di 14 m. Le spinte orizzontali che insorgono nelle piastre vengono scaricate sulle fondazioni per mezzo di tiranti e tenditori.

Das Tragwerk

Load-bearing structure

La struttura portante

Tragwerk: Skizzen der Tragwerksingenieure

Load-bearing structure: structural engineers' sketches

Struttura: schizzi di studio dello strutturista

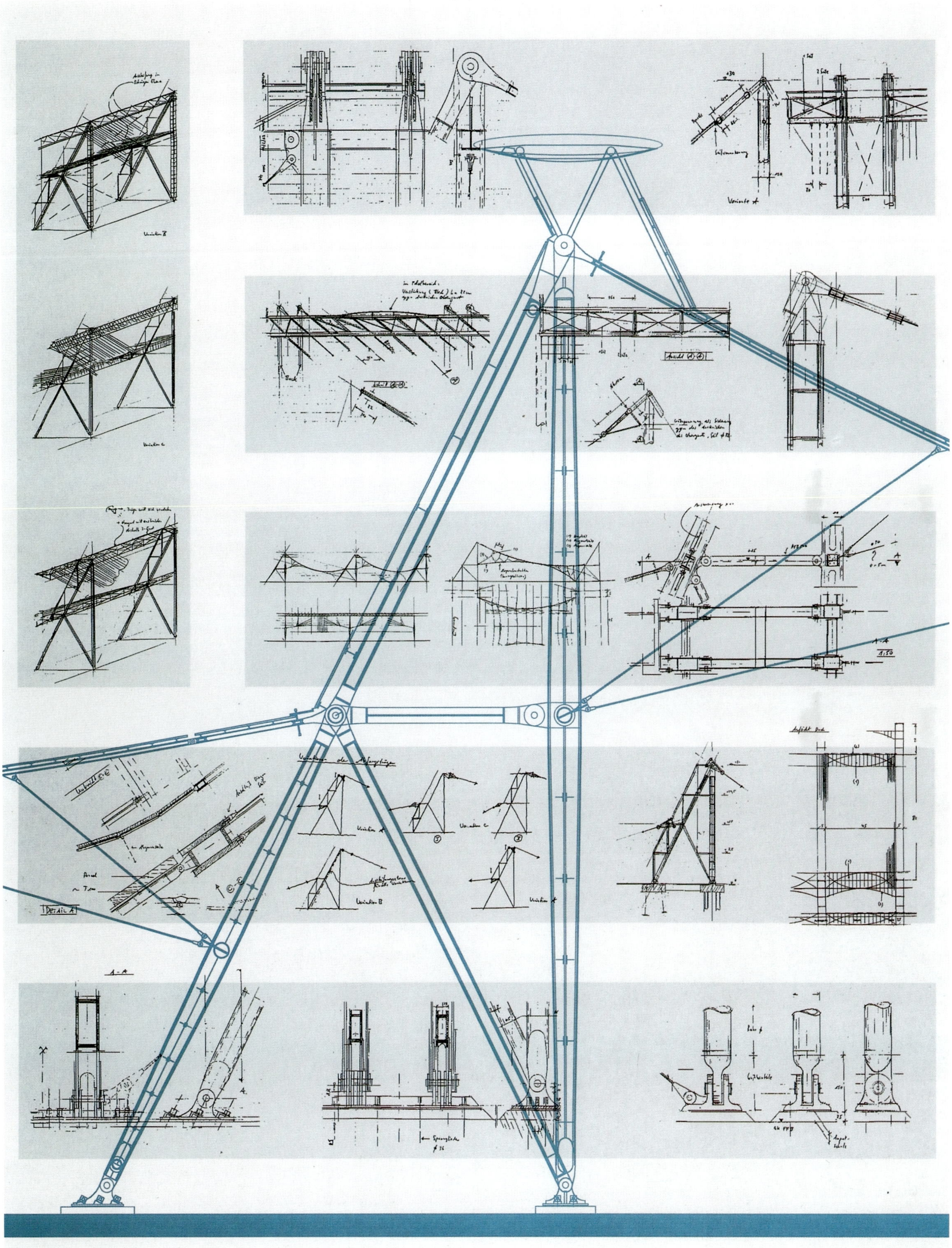

Das Tragwerk

Load-bearing structure

La struttura portante

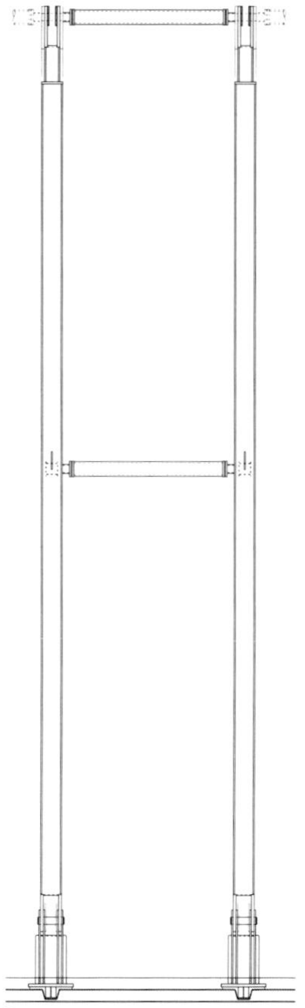

3

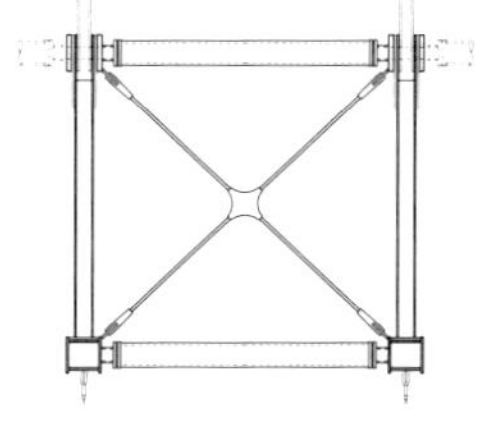

2

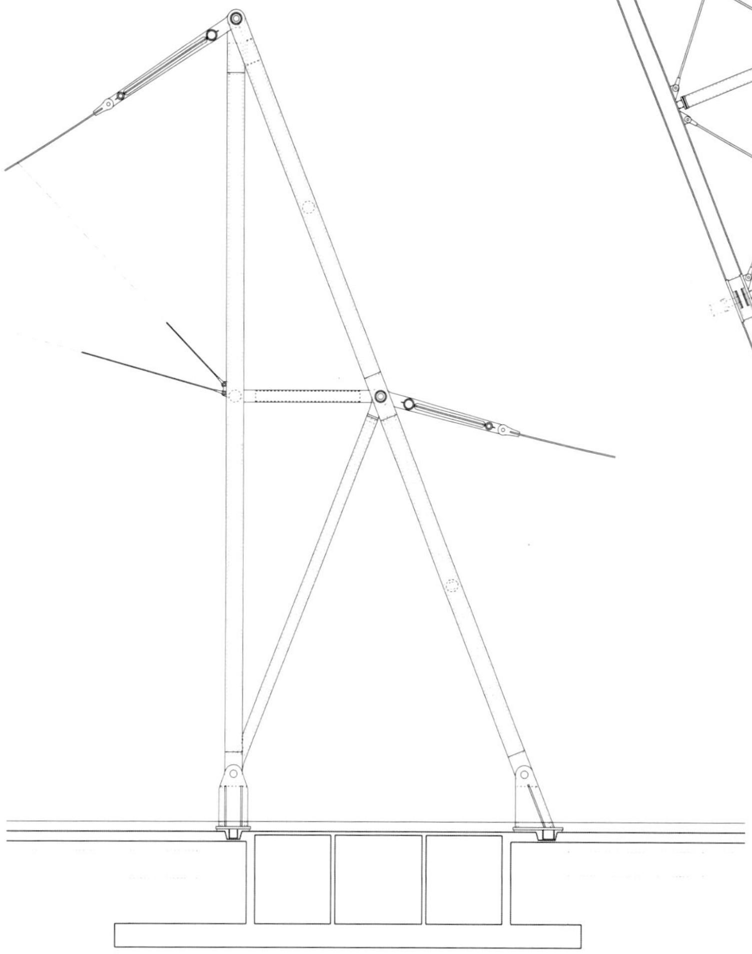

1

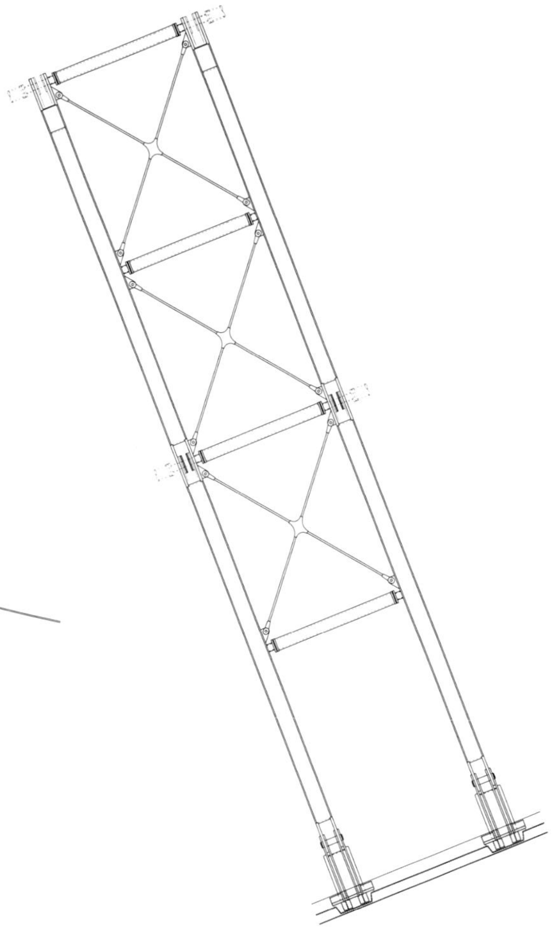

4

Oben: Tragwerk Übersicht M 1 : 250

1 Der ›Bock‹ als Teil des Tragwerks, Ansicht von Osten
Unten: Installationskanal, Fluchttunnel, Installationskanal

2 Grundriß

3 Ansicht des vertikalen Teils von Süden

4 Ansicht des schrägliegenden Teils von Norden

Seite 41: Tragwerk Details M 1 : 100

›Bock‹-Konstruktion

Konstruktive Details:
1 ›Bock‹ – auf Höhe 26,5 m
2 ›Bock‹ – auf Höhe 14 m
3 ›Bock‹ – Fußpunkt

Above: load-bearing structure overall layout scale 1 : 250

1 Trestle-like mast as an element of the load-bearing structure; east elevation
Below ground: energy ducts, escape tunnel

2 Plan

3 Elevation of vertical south face

4 Elevation of sloping north face

Page 41: details of load-bearing structure scale 1 : 100

Mast construction

Structural details:
1 mast at 26.5 m height
2 mast at 14 m height
3 foot of mast

In alto: struttura portante, visione d'insieme scala 1 : 250

1 Il 'cavalletto' come parte della struttura, prospetto est
In basso: condotto di distribuzione dell'energia, galleria di emergenza

2 Pianta

3 Vista degli elementi verticali da sud

4 Prospetto nord degli elementi obliqui

A pagina 41: dettagli della struttura scala 1 : 100

Struttura a 'cavalletto'

Dettagli:
1 quota 26,5 m
2 quota 14 m
3 base del pilone

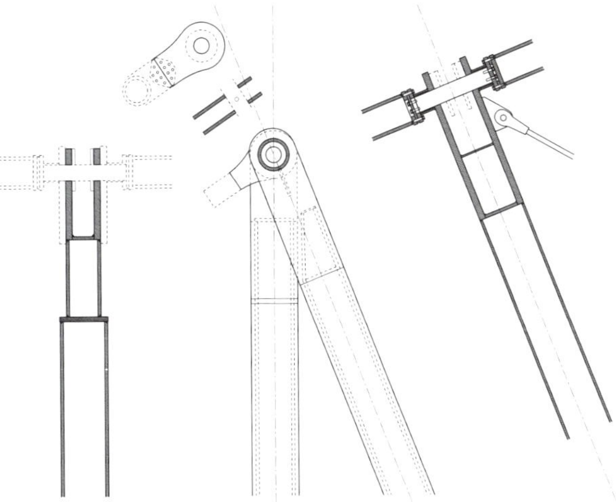

1

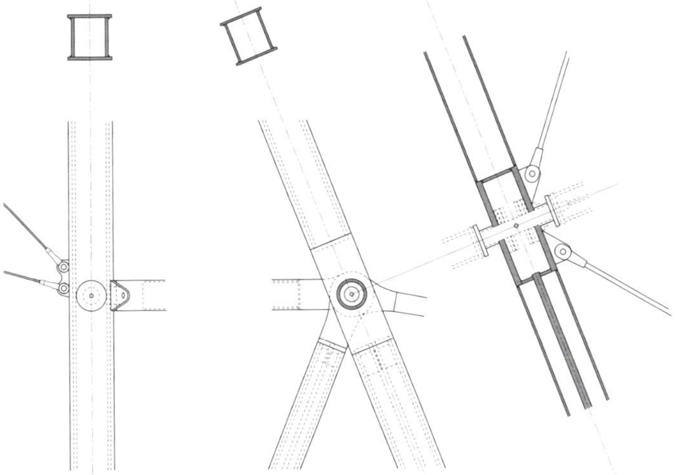

2

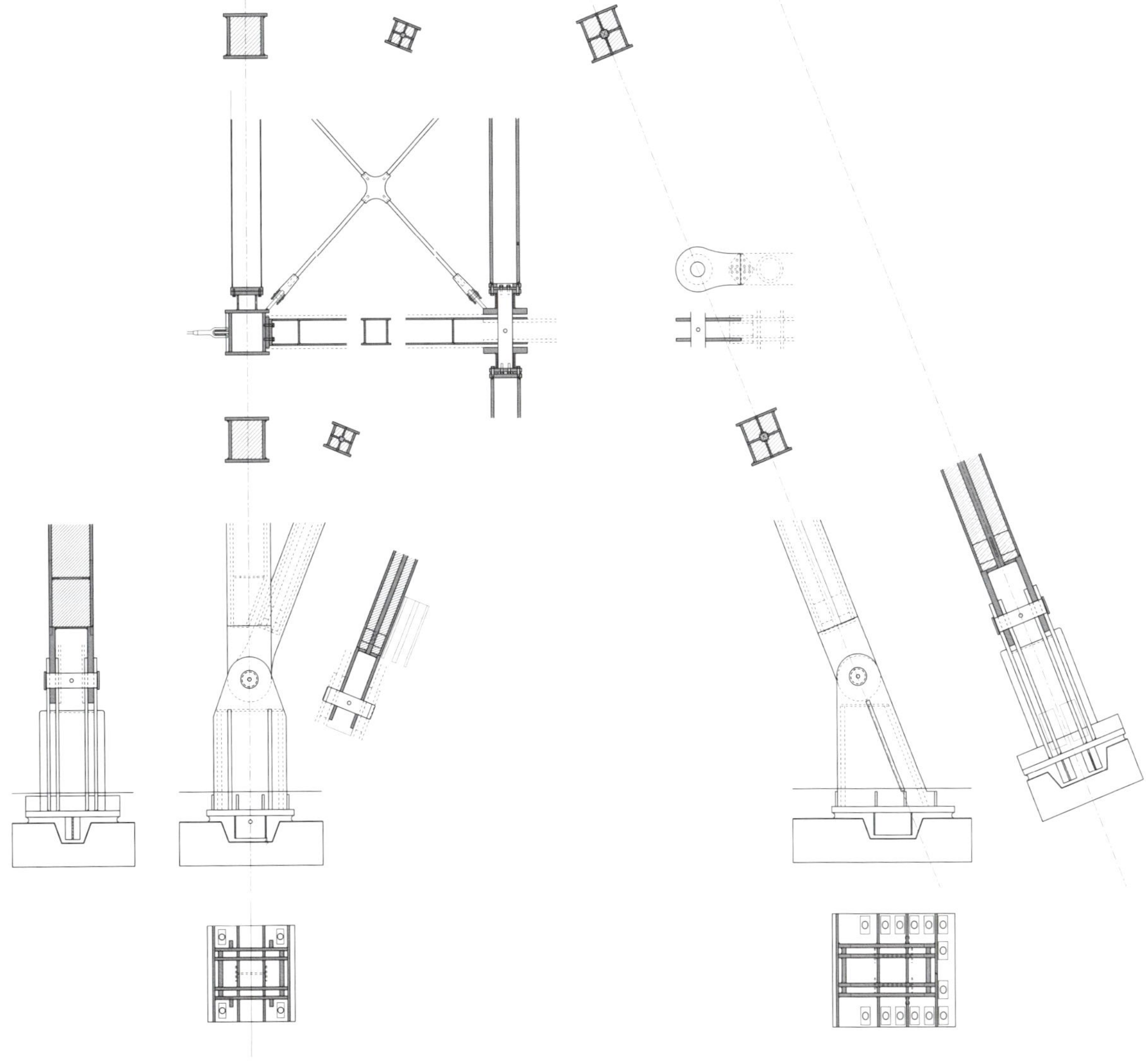

3

Fundamente, Vorfertigung, Montage
Foundations, prefabrication, assembly
Fondazioni, prefabbricazione, montaggio

1 bis 3 Aufbau der Fundamente
4 bis 6 Vorfabrikation der Stahlbauteile
7 bis 12 Aufstellen der ›Böcke‹
13 bis 14 Die aufgestellten ›Böcke‹ in Quer- und Längssicht

1 to 3 Foundation construction
4 to 6 Prefabrication of structural steel elements
7 to 12 Erection of masts
13 to 14 End and side views of masts after erection

da 1 a 3 Posa delle fondazioni
da 4 a 6 Prefabbricazione degli elementi strutturali metallici
da 7 a 12 Erezione dei 'cavalletti'
da 13 a 14 I 'cavalletti' in posizione verticale, fronte e vista laterale

1

2

3

4

5

6

7

8

9

10

11

12

13

14

25

25

Vorfertigung und Montage
Prefabrication and assembly
Prefabbricazione e montaggio

1 bis 4 Montage der Zugbänder
5 bis 7 Vorfertigung und Transport der Holzbauelemente
8 Montage der Holz-Dachelemente

1 to 4 Assembly of tie members
5 to 7 Prefabrication and transport of timber elements
8 Fixing the timber roof elements

da 1 a 4 Montaggio dei profili a nastro
da 5 a 7 Prefabbricazione e trasporto dei pannelli di legno
8 Montaggio dei pannelli di legno della copertura

8

1

2

3

4

5

6

7

Montage der Holz-Dachelemente
Laying timber roof elements
Montaggio dei panelli di legno della copertura

Montagefolge

Vorfertigung der Einzelteile im Werk
Zusammenfügen der Bockteile im Liegen
Montage und Verankerung der Bockfüße
Aufstellen der Böcke mit mobilem 300t Autokran
Abschnittsweise Montage der Abfangeträger
Zusammenschweißen der Abfangeträgerabschnitte
Zusammenschweißen der Zugbänder
Einhängen der Stahlzugbänder
Auflegen der Holzplatten

Erection sequence

Prefabrication of elements at works
Assembly of trestle masts on ground
Assembly and anchoring of feet of masts
Erection of masts with 300t mobile crane
Assembly of trussed girders in sections
Welding girder sections together
Welding tie members together
Fixing steel tie members at ends
Laying timber panels

Sequenza di montaggio

Preparazione dei componenti in officina
Montaggio dei piloni in orizzontale
Montaggio e fissaggio delle basi
Erezione dei piloni con gru mobile da 300t.
Montaggio dei segmenti della trave reticolare di collegamento
Saldatura dei segmenti
Saldatura dei profili a nastro
Montaggio dei profili a nastro
Posa dei pannelli lignei

1

2

3

4

5

6

7

8

9

10

1/2 First-Elemente
3 Abdichten des Daches mit Folie
4 Herstellen der Bodenplatte
5/6 Montage des gläsernen Luftkanals
7 Hallendecke mit Lichtrasterband am Dach-Tiefpunkt
8 Gläserner Luftkanal in der Passage zwischen den Stützen der ›Bock‹ - Reihe
9 Gläserner Luftkanal
10 Unter dem Hängedach während der Bauzeit

1/2 Ridge elements
3 Fixing waterproof sealing layer
4 Construction of floor slab
5/6 Assembly of glass ventilation duct
7 Hall roof with daylight-grid strip at lowest point of suspended section
8 Glass ventilation duct in strip between mast supports
9 Glass ventilation duct
10 Beneath suspended roof during construction

1/2 'Alettoni' in zona di colmo
3 Impermeabilizzazione della copertura con membrane
4 Preparazione della piattaforma del pavimento
5/6 Montaggio del canale vetrato di ventilazione
7 Copertura e lucernario con retini frangisole
8 Canale vetrato di ventilazione nella zona di passaggio pedonale, fra i montanti della fila di 'cavalletti'
9 Canale vetrato di ventilazione
10 Tramonto sul cantiere

Montage der Fassade

Façade construction

Montaggio della facciata

Die verglasten Fassaden sind als Pfosten-Riegel-Konstruktionen aus schmalen Hohlprofilen ausgeführt. Winddruck- und Sogkräfte werden über die großen Höhen durch davon getrennte, innenliegende, paarweise angeordnete C 220-Profile übernommen, an welche die filigranen Fassadenriegel über Justiervorrichtungen angeschlossen sind. Die Einleitung der Horizontalkräfte erfolgt oben über einen gelenkigen Anschluß an zwei Randhänger des Daches. Durch Vorspannung der Vertikalen werden mögliche Verformungen verhindert.

The glazed façades were executed in a post and rail form of construction with slender hollow sections. Wind pressure and suction forces occurring over the great height of the façades are absorbed via a separate internal system, consisting of pairs of channels 220 mm deep, to which the filigree façade rails are fixed with adjustable connections. The transmission of horizontal loads to the structure occurs at the top via a hinged connection to two suspension members at the edge of the roof. Potential deformation is avoided by prestressing the vertical elements.

Le superfici vetrate delle facciate sono sostenute da strutture a telaio (montante-corrente) realizzate con profilati piuttosto sottili. La spinta del vento e quella conseguente a fenomeni di depressione sono assorbite da coppie di profili d'acciaio C-220 verticali, in posizione interna e distanziata, a cui i sottili correnti si ancorano tramite elementi regolabili. Nella parte alta della facciata il trasferimento alla copertura delle spinte orizzontali avviene tramite bilancieri incernierati a due nastri della struttura del tetto. L'insorgere di possibili deformazioni viene evitato con la pretesatura dei profili verticali.

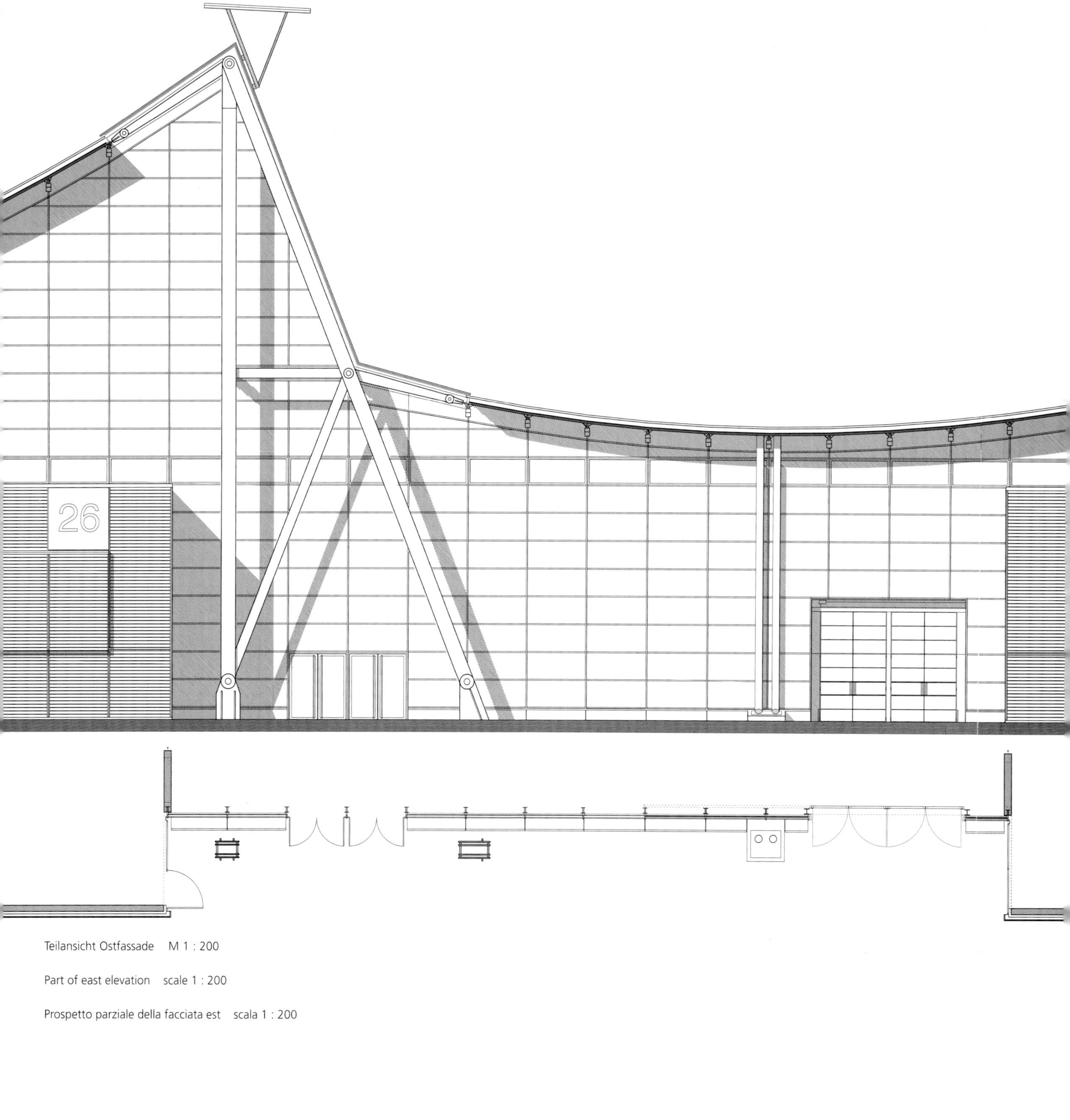

Teilansicht Ostfassade M 1 : 200

Part of east elevation scale 1 : 200

Prospetto parziale della facciata est scala 1 : 200

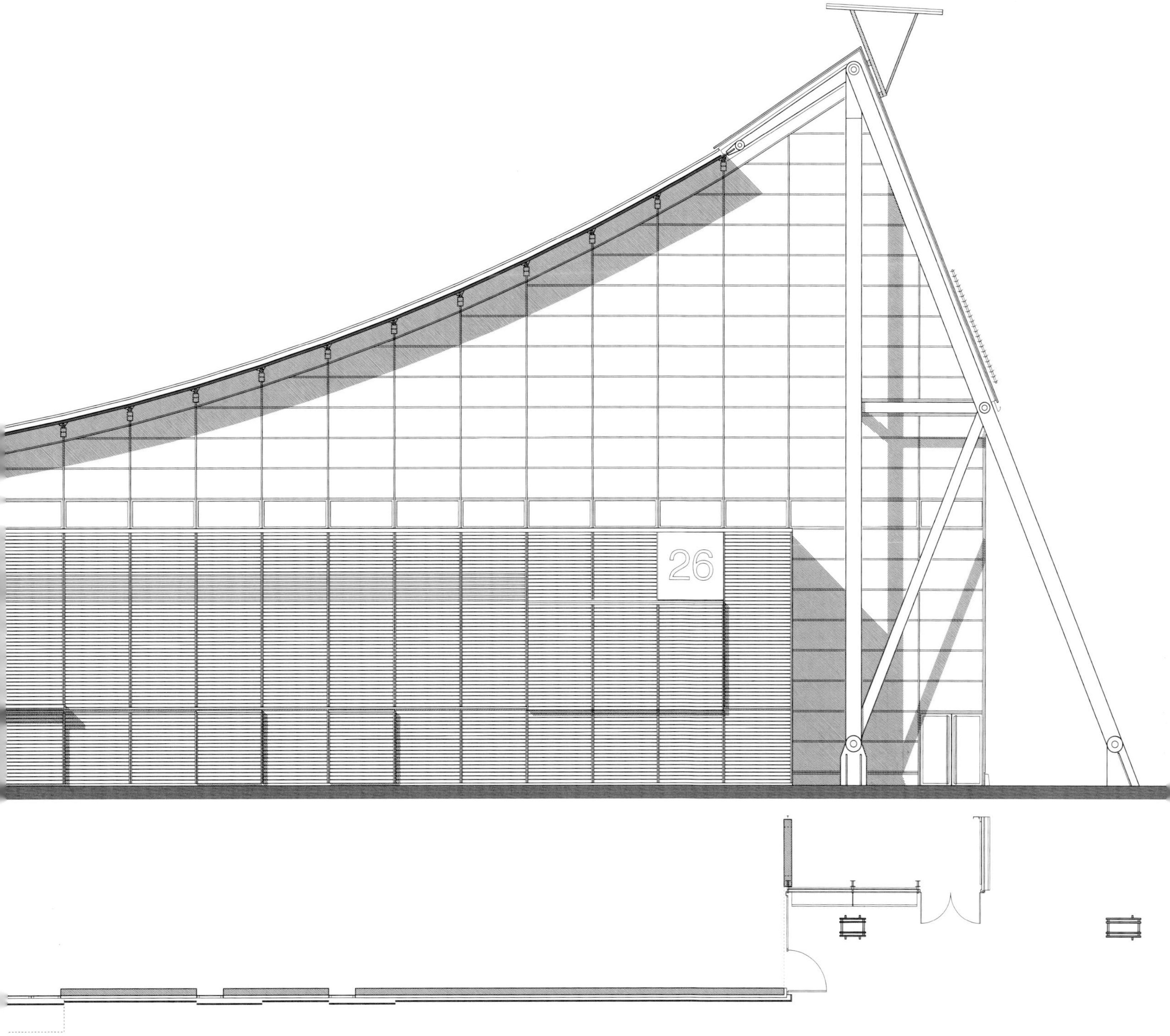
26

Fassaden

Façades

Facciate

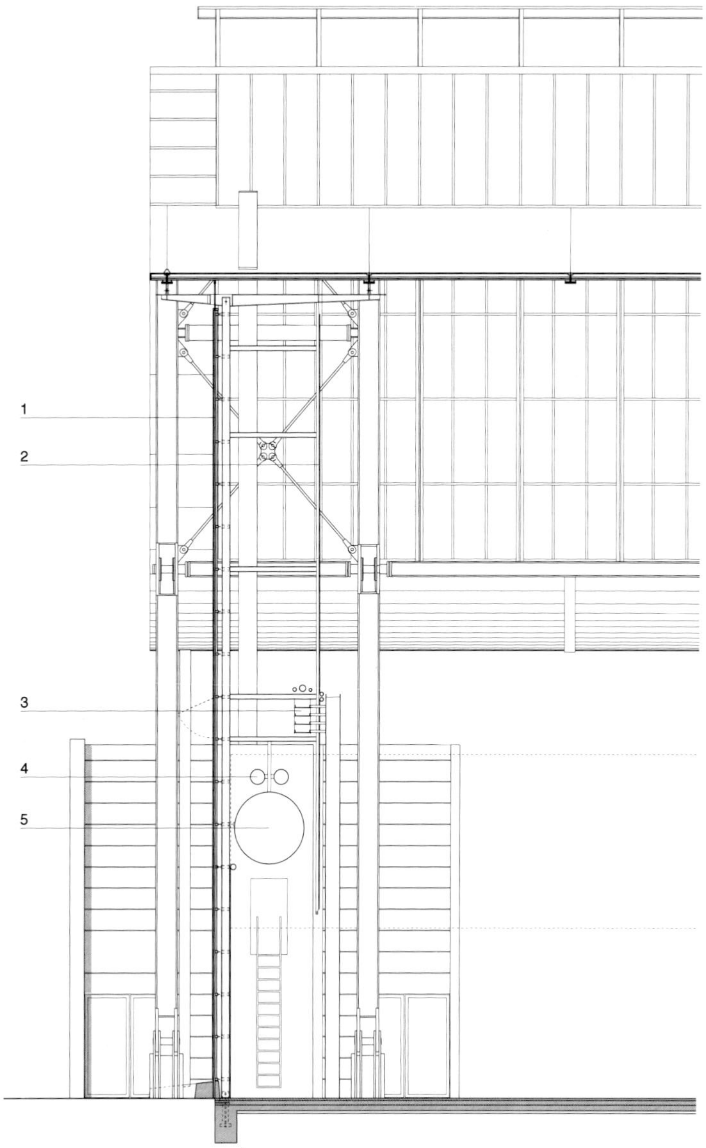

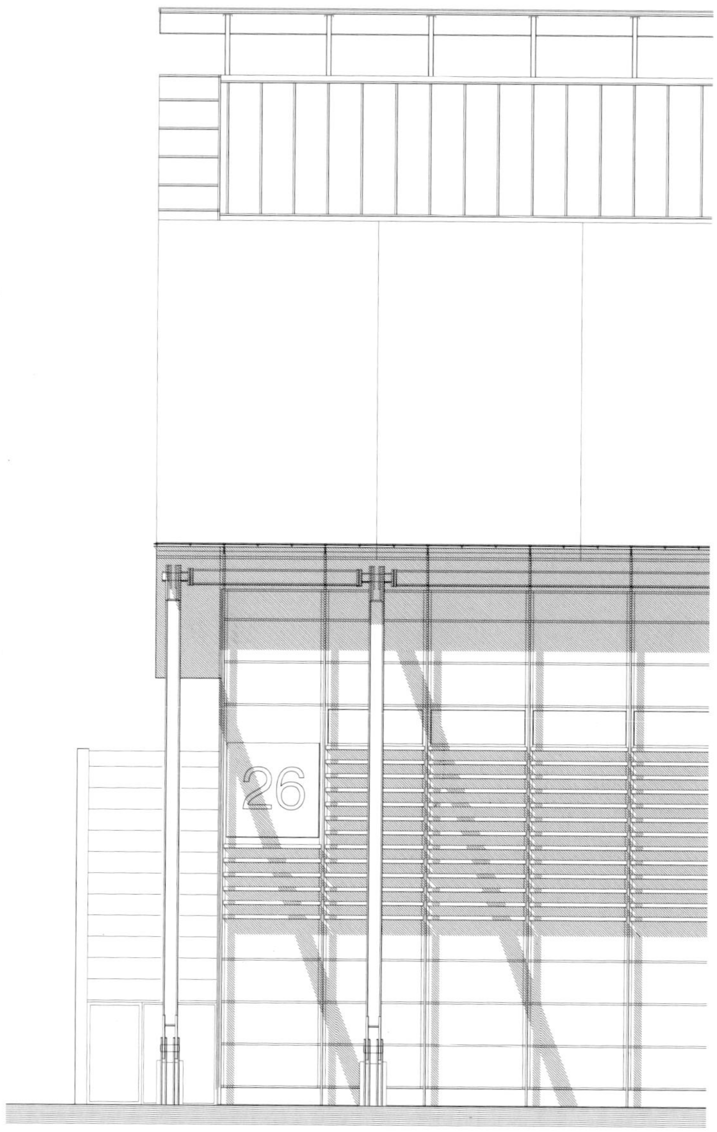

Schnitt durch die Medientrasse
an der Längsfassade M 1 : 200

1 Glasfassade
2 Sonnen- und Blendschutz
3 Medientrassen
4 Kälteleitung
5 Luftkanal

Section through mechanical services strip
long face scale 1 : 200

1 glass façade
2 sunscreening and protection against glare
3 mechanical services duct
4 cooling runs
5 air duct

Sezione della zona di distribuzione degli impianti
nei pressi della facciata scala 1 : 200

1 Superficie vetrata
2 Schermo avvolgibile parasole e antiabbagliamento
3 Vassoi per cavi e condutture
4 Condotto del liquido refrigerante
5 Condotto di ventilazione

Teilansicht Südfassade M 1 : 200

Part of south elevation scale 1 : 200

Prospetto parziale della facciata sud scala 1 : 200

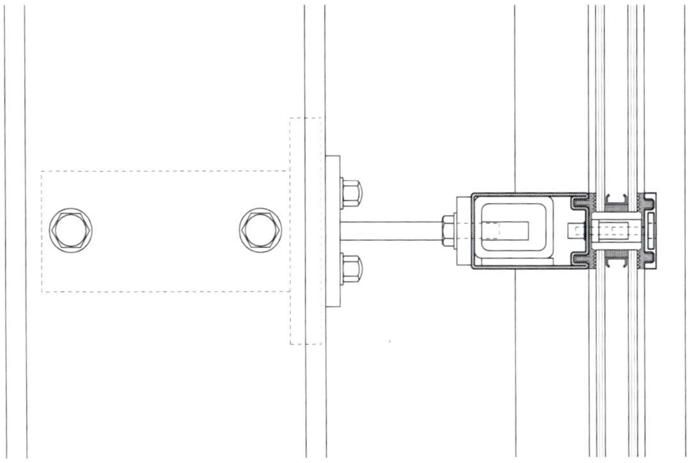

Vertikalschnitt Fassade M 1 : 5

Vertical section through façade scale 1 : 5

Facciata, sezione verticale scala 1 : 5

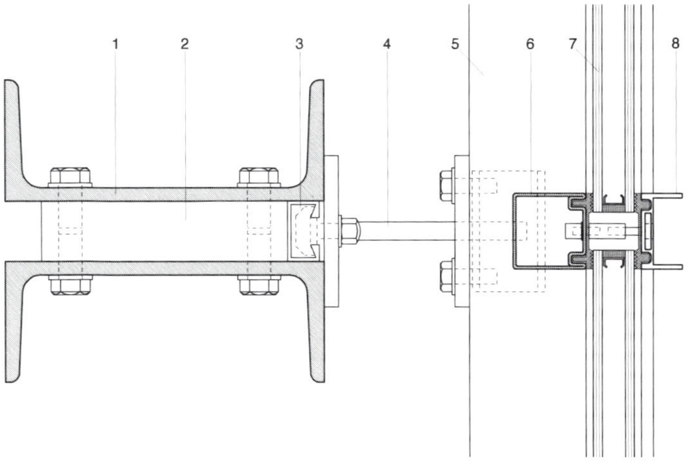

Horizontalschnitt Fassade M 1 : 5
1 C 220
2 Stahlblech 170 x 80 x 40 mm mit Gewindebohrungen M 16
3 Halfenschiene (l = 150 mm)
4 Riegelbefestigung (Justiervorrichtung für vertikalen und horizontalen Toleranzausgleich)
5 Fassadenriegel Stahlhohlprofil 80 x 50 mm
6 Fassadenpfosten Stahlhohlprofil 50 x 50 mm
7 Wärmeschutzverglasung
8 Deckleiste

Horizontal section through façade scale 1 : 5
1 channel 220 mm deep
2 170/80/40 mm sheet steel with 16 mm dia. threaded borings
3 Halfen fixing channel 150 mm long
4 rail fixing piece (with scope for adjustment to accommodate vertical and horizontal tolerances)
5 façade rail: 80/50 mm steel hollow section
6 façade post: 50/50 mm steel hollow section
7 sunscreen glazing
8 cover strip

Facciata, sezione orizzontale scala 1 : 5
1 C 220
2 Piattina 170 x 80 x 40 con fori filettati M16
3 Supporto lineare di montaggio (l = 150 mm)
4 Elemento di bloccaggio del corrente (posizione regolabile per la compensazione delle tolleranze verticali e orizzontali)
5 Corrente di acciaio 80 x 50 mm
6 Montante di acciaio 50 x 50 mm
7 Vetro isolante
8 Cornice di protezione

Das Dach   Roof   La copertura

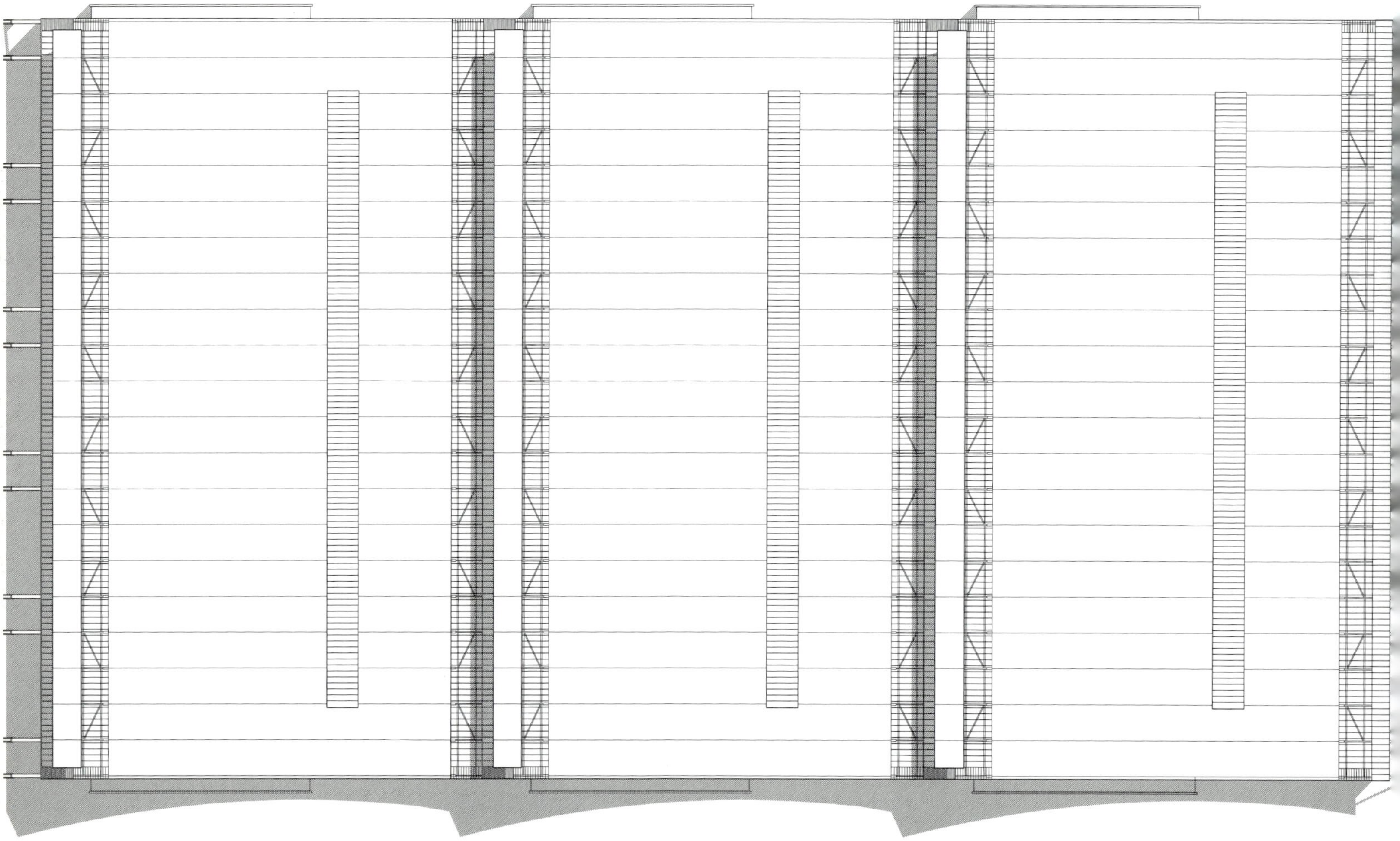

Dachaufsicht M 1 : 1000

Plan of roof scale 1 : 1000

Pianta del tetto scala 1 : 1000

Messebetrieb | **Hall during trade fair** | **Il padiglione in funzione**

Herausragendes Merkmal der großen Messen auf dem riesigen Gelände in Hannover ist seit jeher der ruhige, gut organisierte Ablauf von Ankunft, Besuch und Abfahrt

One of the outstanding features of the major trade fairs held on this vast site in Hanover has always been the well organized yet unobtrusive sequence of arrival, visiting the exhibition and departure

Un segno di distinzione delle grandi fiere che si svolgono ad Hannover è da sempre il clima di tranquillità che accompagna il flusso degli arrivi, delle visite, delle partenze

Das Restaurant in der Halle 26,
an der Decke Elemente zum Umlenken des Lichts

Restaurant in Hall 26
with soffit light-deflectors

Il ristorante del padiglione 26,
deflettori di luce fissati al soffitto

26

Messebetrieb

Hall during trade fair

Il padiglione in funzione

Gebäudemaße / Dimensions of building / Dimensioni

Länge / Length / Lunghezza: 220 m
Breite / Width / Larghezza: 115 m
Gesamthöhe / Overall height / Altezza totale: 29 m
Bebaute Fläche / Area of building (footprint) /
Superficie costruita: 25.400 m²
Bruttorauminhalt / Gross volume / Volumetria: 410.738 m³

Erd- und Betonarbeiten / Excavation and concrete work / Scavi e opere in c.a.

Betonmenge verbaut / Quantity of concrete / Calcestruzzo: 17.150 m³
Bewehrungsstahl / Steel reinforcement / Armature: 1.657 to
Schalung / Formwork / Casseforme: 27.390 m²
Baugrube / Excavation / Scavo:
Größe / Dimensions / Superficie: 2 m x 120 m x 15 m
Tiefe / Depth / Profondità: 4 m
Kubikmeter / Volume / Volumetria: 14.400 m³
Fluchttunnel / Escape tunnels / Gallerie: 2 Stück / No. / p.

Stahltragwerk / Steel structure / Struttura metallica

Material / Materiale St 52 (min. tensile strength 520 N/mm²)
Böcke als Fachwerk mit gelenkigen Verbindungen /
Trestle masts designed as framed elements with hinged connections /
Piloni composti da tralicci con giunti a cerniera
Anzahl / No. / Quantità: 18 große und 6 kleine / 18 large and 6 small / 18 grandi e 6 piccoli
Kastenprofile / Box profiles / Profili scatolari: 600 x 600 / 400 x 400 mm
Blechstärken t / Steel thicknesses / Lamiere spessore: 10 – 80 mm
Höhe großer Bock / Height of large mast /
Altezza pilone maggiore: 26,5 m
Höhe kleiner Bock / Height of small mast / Altezza pilone minore: 14 m
Grundflächen / Ground area covered / Superficie di base: 5,5 m x 10 m

Abfangeträger als frei pendelnd aufgehängte Fachwerkträger / Restraining members in form of freely suspended socketed trussed girders /
Struttura di collegamento composta da trave reticolare oscillante
l x h x b: 115,5 m x 2,8 m x 3,7m
Anzahl / No. / Quantità : 6 Stück / No. / p.
Profile, Rohre d, t / Tubular cross-sections (dia./t.) /
Profili tubolari (dia. spessore) : 350 / 250 mm, 40 mm
Flachstähle t / Flat steel thicknesses / Piatti (spessore): 10 - 40 mm
Hänger als gelenkig angeschlossene, frei hängende Zugbänder /
Flat suspension tie members with hinged connections /
Strutture sospese composte da profili a nastro incernierati
Anzahl / No. / Quantità: 66 Stück, Abstand 5,50 m / 66 at 5.50 m centres / 66 p. distanza 5,50 m
Spannweite / Span / Campata: ca. / approx. 60 m
Durchhang / Sag / Freccia: ca. / approx. 7 m
Hochpunkte / Heights at ends / Quote di displuvio: 26,5 m / 14 m
Profile, Bleche / Sheet steel sections / Profili piatti: 300 x 40 mm

Montagemittel / Means of erection / Giunti
Verankerung / Anchor fixings / Ancoraggio:
über Spannglieder u. Gegengewinde / prestressed tendons and threaded rods / con tiranti a vite e tenditori
Verankerungstoleranz / Anchor tolerance / Tolleranza di posizione: ±17 mm
Brandschutz / Fire protection / Protezione antincendio
Stahlstützen / Steel columns / Strutture verticali:
Verfüllung der Bockbeine mit Beton / Mast legs filled with concrete / Riempimento dei profili con calcestruzzo

Feuerwiderstandsdauer der Konstruktion / Fire resistance of structure /
Fattore di resistenza al fuoco della struttura: 30 min.
Brandschutzanstrich, Sockel / Fire-resistant coating to base /
Vernice antincendio alla base: bis 2 m Höhe F 60/F 30 / up to 2 m high: min. 1 hr./½ hr. / fino a quota 2 m F 60/F 30
2 Grundanstriche und 1 Deckanstrich /
2 undercoats and 1 finishing coat /
2 mani di fondo e 1 mano di copertura
Korrosionsschutz / Corrosion protection /
Protezione anticorrosiva: 3 Schichten bis 240 mm/ 3 coatings up to 240 mm / 3 strati fino a 240 mm

Stahltonnage (ohne Fassadenprofile) /
Weight of steel (excluding façade sections) /
Acciaio, tonnellaggio (non comprende i profili delle facciate): 4.300 to
Gewicht großer Bock / Weight of large mast unit /
Peso del pilone maggiore: 156 to
Gewicht kleiner Bock / Weight of small mast unit /
Peso del pilone minore: 60 to
Böcke gesamt / Total weight of masts / Totale piloni: 2.750 to
Abfangeträger gesamt / Total weight of trussed girders /
Totale travi reticolari: 700 to
Zugbänder gesamt / Total weight of tie members /
Totale profili a nastro: 350 to
Fassadenpfosten gesamt / Total weight of façade posts /
Totale montanti delle facciate: 500 to

Holzdecke / Timber roof / Copertura lignea:

Holzdachfläche / Surface area of wooden roof / Superficie della copertura lignea: 19.820 m²
Paneel mit Splittschüttung, Größe / Size of panels with gravel filling /
Pannelli con strato di pietrisco, dimensioni:
5,5 m x 2 m ca. / approx. 17 cm
Eigengewicht / Dead weight of panels / Peso specifico: 1,20 kN / m²
Feuerwiderstand der Dachkonstruktion / Fire resistance of panels /
Fattore di resistenza al fuoco della copertura: F 30 - B / min ½ hr.
Holzkubatur, gesamt / Total volume of timber /
Legno, cubatura totale: 1.600 m³
Lichtrasterband an den Tiefpunkten der Decke /
Daylight grid strip at lowest points of suspended roofs /
Lucernari con retini frangisole in zona di compluvio: 1.410 m²

Elektrotechnische Anlagen / Electrical installation / Impianti elettrici

Stromversorgung, installierte Leistung / Power supply /
Alimentazione elettrica, capacità installata: 6 Trafos à 1600 kVA
Gesamtanschlußwert / Total electrical loading /
Potenza elettrica complessiva: 8000 kW
Gesamtlänge der Kabel / Total cable runs /
Totale lunghezza dei cavi: 44 km
Energieführende Leitungen / Energy bearing runs / condutture di energia
Beleuchtungskörper Halle / Light fittings (hall) /
Corpi luminosi : 622 Stück / No. / p.

Kältetechnik / Cooling installation / Impianti di raffreddamento

1. Ausbaustufe (derzeit installiert) / 1st phase (at present installed) /
1ª fase (impianto attuale)
Gesamtkälteleistung / Total cooling capacity /
Potenzialità frigorifera totale: 4.450 kW
aufgeteilt auf folgende Anlagenkomponenten /
divided among the following components /

distribuita ai seguenti elementi:
2 Kolbenkaltwassersätze je / 2 water chillers (each) /
2 refrigeratori d'acqua, ognuno da: 1.050 kW
2 Eisspeicher je / 2 ice banks (each) /
2 serbatoi per ghiaccio, ognuno da: 2.000 kWh
2 Verdunstungsrückkühlwerke je / 2 evaporation recooling units (each) /2 condensatori ad acqua, ognuno da: 1.310 kW
Kaltwassertemperaturen im Tagbetrieb / Cold water temperatures (daytime use) / Temp. dell'acqua fredda a regime diurno: 6 / 12 °C
Eisspeicherladebetrieb / Ice bank charging plant /
A regime di carica dei serbatoi del ghiaccio: -2 / -7 °C
Kältemittel / Refrigerant / Refrigerante: NH 3
Kälterträger / Secondary fluid /
Conduttore refrigerante: Wasser-Glykolgemisch / Water-glycol mixture / Miscela Acqua-Glicole
Elektrischer Anschlußwert / Electrical connection load /
Potenza elettrica assorbita: 700 kW

2. Ausbaustufe (nachrüstbar) / 2nd phase (possible extension) /
2ª fase (impianto aggiuntivo):

1 Kolbenkaltwassersatz / 1 water chiller /
1 refrigeratore d'acqua: 1.050 kW
2 Eisspeicher je / 2 ice banks (each) / 2 serbatoi del ghiaccio 2.000 kW
1 Verdunstungsrückkühlwerk / 1 evaporation recooling unit /
1 condensatore ad acqua: 1.310 kW
Elektrischer Anschlußwert / Electrical connection load /
Potenza elettrica assorbita: 350 kW

Raumlufttechnik und Heizung / Air-conditioning and heating / Impianti di ventilazione e di riscaldamento
Lüftungszentralen / Ventilation plant /
Impianti di ventilazione 6 Stück / No. / p.
1 Kältezentrale /1 refrigeration plant /1 Impianto di raffreddamento

Hallenbelüftung / Air supply in hall / Ventilazione volume espositivo

1. Ausbaustufe (derzeit installiert) / 1st phase (at present installed) /
1ª fase (impianto attuale)

Raumluftkonditionen / Indoor air conditions / Valori dell'aria interna:
Raumtemperatur im Winter / Room temperature in winter /
Temperatura interna invernale: 20 °C
Raumtemperatur im Sommer / Room temperature in summer /
Temperatura interna estiva: max. 26-28 °C
(bezogen auf den Aufenthaltsbereich von 6,5 m über dem Boden / conditions for public areas up to 6.5 m above floor level / valori riferiti alle zone di permanenza a quota 6,5 m sopra il piano del pavimento)

Die Gerätewärme wird für die erste Ausbaustufe auf 75 W/m² und für die zweite Ausbaustufe auf 150 W/m² begrenzt / Plant heat will be limited to 75 W/m² for the 1st phase of construction and to 150 W/m² for the 2nd phase (extensions) / nella 1ª fase l'emissione calorica degli apparecchi è supposta sul valore di 75 W/m², nella 2ª fase sul valore di 150 W/m²

Kombinierte Zu- und Abluftgeräte 6 Stück à 75.000 m³/h /
Combined fresh-air supply and extract units: 6 No. à 75,000 m³/h /
No. 6 impianti combinati di immissione e aspirazione
dell'aria da 75.000 m³/h = 450.000 m³/h

Wärmeleistung je / Heating capacity per /
Potenzialità calorifica 700 kW: 4.200 kW
Beheizung durch erdgasversorgte Brenner / Heating by natural-gas-fired burner / Riscaldamento con bruciatori a metano
Kälteleistung je / Cooling capacity per /
Potenzialità frigorifera 420 kW: 2.520 kW
Kaltwasser / Cold water / Acqua fredda: 6 / 12 °C
Elektrischer Gesamtanschlußwert / Total electrical loading value /
Potenza elettrica assorbita complessiva: 600 kW

Zusätzliche Lüftungsanlagen für / Additional ventilation plant for /
Impianti aggiuntivi di ventilazione:
Restaurantbereich mit Küche / Restaurant area with kitchen /
Area di ristorazione e cucine
Snackbar – Bistro

Gesamtluftmenge / Total volume of air /
Totale quantità di aria: 25.700 m³/h
Gesamtwärmeleistung / Total heating capacity /
Totale potenzialità calorifica: 310 kW
Beheizung durch erdgasversorgte Brenner / Heating by natural-gas-fired burner / Riscaldamento con bruciatori a metano
Gesamtkälteleistung / Total cooling capacity /
Totale potenzialità frigorifera: 130 kW

Überdruckbelüftungsanlagen ohne Luftaufbereitung für die Fluchttunnel / Plenum air-supply plant without air treatment for escape tunnel / Gallerie di emergenza servite da impianto di ventilazione a pressione senza condizionamento

Zusätzliche Entlüftungsanlagen für Technikräume und WC-Gruppen / Additional ventilation (extract) plant for service rooms and WC groups / Vani tecnici e gruppi sanitari serviti da impianti di disaerazione aggiuntivi

2. Ausbaustufe: (Hallenbelüftung, nachrüstbar) / 2nd phase (air supply to hall, extendible) / 2ª fase (volume espositivo, impianto aggiuntivo)

Kombinierte Zu- und Abluftgeräte 6 Stück à 75.000 m³/h /
Combined air supply and air extract plant: 6 units à 75,000 m³/h /
No. 6 impianti combinati di immissione e aspirazione
dell'aria da 75.000 m³/h = 450.000 m³/h
Kälteleistung je / Cooling capacity per /
Potenzialità refrigerante 420 kW: 2.520 kW
Kaltwasser / Cold water / Acqua fredda: 6 / 12 °C
Elektrischer Anschlußwert / Electrical loading value /
Potenza elettrica assorbita: 600 kW

Ausführungszeiten / Duration of construction / Tempi di realizzazione
(Kalenderwoche / Calendar week / Settimana = KW)

Aushub / Excavation / Scavo: 22 KW – 25 KW 95
Rohbau / Carcass structure / Strutture in c.a.: 23 KW – 37 KW 95
Rohbau Bodenplatte / Floor slab /
Grezzo pavimento: 38 KW - 46 KW 95
Stahlbau / Steel structure / Strutture metalliche: 33 KW – 41 KW 95
Glasfassaden / Glazed façades / Facciate vetrate: 39 KW – 49 KW 95
Holzdach / Timber roof / Copertura lignea: 37 KW – 42 KW 95
Ausbau / Fitting out and internal finishings /
Finiture: 40 KW 95 – 9 KW 96

Zusammen / Total / Totale: 39 KW

Inhalt / Contents / Indice

Bildnachweis / Photographic acknowledgements / Indice fotografico

Aerophot - Demuss	8-9, 43 (Freigegeben / by permission of / con la concessione della Bezirksregierung Braunschweig), 56 (unten / bottom / in basso), 57 (oben rechts / top right / in alto a destra)
Thomas Haase	42 (1, 9, 10, 11, 12), 44 (1, 2, 3, 8), 45 (1, 3, 4, 5, 6, 7), 46 (1, 2, 4, 10), 47
Herzog + Partner	42 (15)
Werner Lang	4, 13
Dieter Leistner	Umschlag / Cover / Copertina, 2, 5, 24, 29, 32, 33, 34-35, 38, 41, 46 (8), 48, 49, 53, 54, 55, 57 (unten links / bottom left / in basso a sinistra, unten rechts / bottom right / in basso a destra), 61, 63
Merz + Kaufmann	44 (5, 6, 7)
Roland Schneider	42 (2, 3, 5, 6, 8), 44 (4), 45 (8, 9, 10), 46 (3, 5, 6, 9)
Heike Seewald	56 (oben / top / in alto), 57 (oben links / top left / in alto a sinistra, unten Mitte / bottom middle / in basso al centro), 58, 59
Frank Simon	42 (4, 7, 14), 45 (2), 46 (7)

Zeichnungen / Drawings / Tavole
Herzog + Partner
Schlaich Bergermann und Partner 36, 39
HL-Technik 26, 27

Design and co-ordination: Verena Herzog-Loibl with Harriet Brittain

Translations
English: Peter Green
Italian: George Frazzica
Cover photo and frontispiece:
Dieter Leistner

Die Deutsche Bibliothek - CIP-Einheitsaufnahme
Deutsche Messe ‹Hannover›:
Die Halle 26 für die Deutsche Messe AG Hannover = Hall 26 for deutsche Messe AG Hannover / [Deutsche Messe AG Hannover]. Hrsg. von Thomas Herzog. Mit einem Vorw. von Sepp D. Heckmann. [Transl.: Peter Green; George Frazzica]. – München; New York: Prestel, 1996
ISBN 3-7913-1741-5
NE: Herzog, Thomas [Hrsg.]; HST

Prestel books are available worldwide. Please contact your nearest bookseller or write to either of the following addresses for information concerning your local distributor:

Prestel Verlag, Mandlstrasse 26,
D-80802 Munich, Germany
Phone (89) 38 17 09-0, Fax (89) 38 17 09-35

Prestel Verlag, 16 West 22nd Street,
New York, N.Y. 10010, USA
Phone (212) 627 81 99, Fax (212) 627 98 66

Offset lithography: ReproLine, Munich
Composition: Wigelprint, Munich
Printing and binding: Passavia Druckerei GmbH, Passau

Printed in Germany
ISBN 3-7913-1741-5

Mit freundlicher Unterstützung / With the kind support of / Con la gentile collaborazione di

ALEXI Elektrotechnik, 30982 Pattensen
ASSMANN Beraten + Planen GmbH, 38106 Braunschweig
Klaus-Peter Beverungen, Fliesen-, Platten- und Mosaiklegermeister, 30519 Hannover
Wilhelm Buchholz Metall- und Apparatebau GmbH, 30855 Langenhagen
Clauss Markisen Projekt GmbH, Bissinger Straße 9, 73266 Bissingen-Ochsenwang
ComputerWorks GmbH, 79539 Lörrach
Deutsche Messe AG, 30521 Hannover
HL-Technik AG, Beratende Ingenieure, 81379 München
Hosser, Hass + Partner GmbH, 38100 Braunschweig
Kaufmann Holzbauwerk GmbH, A-6960 Wolfurt
H. KRANTZ-TKT GmbH, Am Stadion 18-24, 51465 Bergisch Gladbach
Dipl.-Ing. J. Lempert, 30167 Hannover
Rüterbau, Zweigniederlassung der Noell Stahl- und Maschinenbau GmbH, 30853 Langenhagen